The Changing Chinese

变化中的中国人

〔美国〕E. A. 罗斯 著
何 蕊 译

译林出版社

图书在版编目（CIP）数据

变化中的中国人 ／（美）E.A.罗斯（Edward Alsworth Ross）著；何蕊译. —南京：译林出版社，2016.12
（西方视野里的中国）
书名原文：The Changing Chinese
ISBN 978-7-5447-6607-4

Ⅰ.①变… Ⅱ.①E… ②何… Ⅲ.①中国历史－史料－清后期 ②风俗习惯－中国－清后期 Ⅳ.①K252.06②K892

中国版本图书馆CIP数据核字（2016）第221386号

书　　名 变化中的中国人
作　　者 〔美国〕E.A.罗斯
译　　者 何　蕊
责任编辑 王兰英
特约编辑 苑浩泰
出版发行 凤凰出版传媒股份有限公司
译林出版社
出版社地址 南京市湖南路1号A楼，邮编：210009
电子信箱 yilin@yilin.com
出版社网址 http://www.yilin.com
印　　刷 三河市中晟雅豪印务有限公司
开　　本 640×960毫米　1/16
印　　张 12
字　　数 180千字
版　　次 2019年9月第2版　2024年9月第4次印刷
书　　号 ISBN 978-7-5447-6607-4
定　　价 30.00元

目录

译者序

本书作者E.A.罗斯是美国社会学家，威斯康辛大学教授，曾在中国进行了为期六个月的考察。当时正是辛亥革命前期，东西方文化在中国社会有着明显的冲突，作者正是以这种文化冲突为视角，试图客观地描述中国社会。从这些描述中，我们可以一窥当时中国社会以及中国人的状况。

本书内容主要包括中国人的体质与精神、中国人的生存状况、中国的环境、工业、禁烟运动、妇女解放运动以及基督教在中国的传播等。作者走访了中国的大江南北，对这些方面的观察具有一定的普遍意义。由于作者是一位社会学家，因此其视角带有一定的专业性，他目光敏锐、老辣，对中国文化的特点抓得很准，可谓入木三分。不过本书所采用的语言风格，并非逻辑严密的理论叙述，而是采用随笔式行文，形象生动，文笔优美，毫无学究气，读起来并无枯燥感。

除了对当时中国的某些现象进行描述外，作者还对中国当时所面临的一些问题，提出了比较深刻的见解。比如环境恶化问题的根源以及救治办法；中西方人的体质差别及未来随着卫生条件的改善，中国人的体质将发生的变化；中国工业的现状以及未来走向；禁烟运动的成败所涉及的因素；中国妇女地位的状况；中国教育事业的困境及解决方法……

在对这些问题进行描述和解析的时候，作者尽量让自己保持客观。不过必须承认的是，谁也没办法做到绝对的公正客观，本书作者在某些问题上，就带有明显的主观倾向。但不可否认的是，本书中的文字，始终带有对中国人和中国社会的理解和关怀。

本书英文原著是在1911年发行的，距离现在已经有一百多年，当初作者的那些预测，有些已经变为了现实，如中国工业问题、教育问题等；有些似乎正在朝其预测的方向发展，如中国的环境问题、中国人的体质问题等。某些颇具中国特色的痼疾扎根于几千年的文化土壤，其转变还需要相当漫长的过程。

古语有云："以人为镜，可以明得失。"以国人的角度来看自身，有时难免会因为自尊或自豪而失于偏颇。适当地通过外国人的眼睛看看自己，可以从正反两方面对自身有一个全面的认识。作者所记述的虽然是一个多世纪前的人与事，但是不得不承认，有些地方在今天看来，仍然是有借鉴意义的。

E.A. 罗斯写的这本书，是辛亥革命前西方观察中国的代表作，对于塑造西方人心目中的中国形象，起了极大的作用。在中国，这部著作受到重视是近年的事，目前已有多个译本。我们这个译本，在翻译过程中对此前的中译本有所参考，以求奉献给读者的文字更完美。即便如此，文中仍然难免会有纰漏，还望专家和读者不吝赐教。

前言

许多对中国有一定了解的西方人，都会发出这样的感慨：要想了解中国人，只花上大半年时间去中国各地旅行、观光、采访，是远远不够的。也就是说，只有长时间居住在中国，才有可能真正了解中国人。但实际情况是怎样的呢？一位在中国待了三十年的高级工程师说："我在中国居住的时间越长，反倒越来越不了解中国人了。"一位商人也有类似的困惑："我原本以为，只要在中国待上一两年，就能成为半个'中国通'，但中国人实在太难理解了。"由此可见，如果一个外国人试图写一本关于中国的书，似乎是一件极其困难的事，因为哪怕是一个在中国通商口岸居住多年的外国人，都很难有勇气写一些关于中国人的东西，更别说那些只是来中国旅行的游客了。

情况也许没那么糟糕，因为在西方，也有一部分自信的家伙认为：中国人很容易了解。这些人熟知东西方人心理素质的差异，他们认为不同的文化背景和社会结构是造成这种差异的主要原因。只要对中国的文化背景和社会结构进行深入的了解，理解中国人就易如反掌了。如果不排除物质水平的高低和价值观念的差异，让一个西方人从小就生活在中国，他同样会拥有和中国人一样的文化习惯。

很多东方国家的人并不认同这一点，他们觉得要在黄种人和白种人之间达成畅快的沟通和理解几乎是不可能的，东西方心理素质的差异是一个难以逾越的鸿沟。

不过，一些专门从事东西方社会比较研究的学者，却对此持一种乐观的态度。他们对中国社会的方方面面进行了大规模的考察：有文化方面的，如敬祖、父权制以及女性附庸状态；也有政治方面的，如闭关锁国、军事力量的减弱和“士阶层”的社会地位。在此基础上，学者们总结出了诸多对于中国的认识。

E.A. 罗斯

第一章　速读中国

在遥远而古老的东方，有一个和欧洲中世纪时期十分相似的国家，那就是中国。那里的每一座城市，都修建了坚固的城门和高大的围墙，尽管历经风雨洗刷，这些城墙却没有丁点破损和残缺，其防御外敌的功能也丝毫不受影响。其中一些地理位置优越的城市，则被中国的统治者——满族人，选作军队安营扎寨的国防要地，每当突发战事或者遇到外敌侵袭，满族人就进入这些城市，躲避灾难。

和坚不可摧的城墙相比，中国的街道则要逊色许多。中国城市的街道有一个共同的特点：道路大都窄小不平，弯弯曲曲，脏兮兮的路面还时不时地散发出一股难闻的臭味。城市的公共交通具有鲜明的南北差异。在中国北部城市的街道上，最常见的交通工具是一种用骡子拉客的载人马车，满大街随处可见，它和来来往往的行人一起形成了一派车水马龙的热闹景象。但在盛产水稻的中国南方，情形却大不一样。骡子拉的马车几乎就看不到了，那里的人们用手推车来解决出行问题。不然，他们就干脆步行。但由于交通规则的缺失，城市街道几乎被商贩们侵占，通行十分困难。随便想象一下：在一条不到两米宽的道路上，充塞着商贩、货架、柜台以及一排排用篮子构成的货摊，还有手工艺人和他们的工具，将会是多么的拥挤和混乱！幸亏权威机构有一条为坐轿腾出通道的规定，否则，街道会变得更加拥挤和狭窄。不过，即便是这样，也难以改写旅行者心目中对中国的印象：街道拥挤不堪，城市人口众多，人口高度密集。但很少有游客真正科学地统计过中国城市的人口数量，他们在游记中关于这点的描写，大多是一种感官上的揣测，再加上文学效果的需要，很大程度上夸大了事实。

中国的城市面积都不大，最大的要数北京了。低矮、宽阔的平房是中国城市的主要风景线。此外，还能在大街上看到一些身穿统一黄褐色制服、手拿警棍的警察。他们的职责是维持公共秩序，不过，这样的街景只是在最近才刚刚出现。一旦遇到动乱，这些警察就会不堪一击。广州的士兵大都不穿鞋，个个看起来萎靡不振，一脸和善，法律的威严根本无法从他们身上展现出来。

城市的公共设施十分匮乏，既没有公共用水，也没有公共照明。在一些傍水而建的城市，当地居民就依靠河水维持生活。挑夫挑着满满一桶的河水，挨家挨户地送水，一年三百六十五天，天天如此，去往河边的石板路，终年都是湿漉漉的。由于河水未经过任何处理，遇到浑浊不堪，无法饮用的情况，人们就在竹筒里加入一些块状的明矾，然后将竹筒放到水里搅拌，不大一会儿，水就会变得清澈。

由于没有公共照明，每当夜幕降临时，城市就会笼罩在一片黑暗中，街道上冷冷清清，看不到一个行人，气氛阴沉可怖。人们的照明设备十分简陋，最常见的两种是纸灯笼和花生油灯，点亮纸灯笼里面的蜡烛或者花生油碗里的棉灯芯，就可以看到光亮了。后来，随着煤油灯的出现，人们的生活便利了很多。他们逐渐打破了规律的作息，不再按部就班地一天亮就干活，天黑就睡觉，而是一家人围坐在一起聊天或者读书。

城市燃料的供应常常捉襟见肘，人们想尽各种办法自给自足，树木的枝叶、谷物的皮壳、干枯的杂草，凡是能够燃烧的花草树木，全被视为柴火，平日里用来加热泥炉、砖炉，煮衣、煮饭，到了冬天，就用来烧炕，以此抵御寒冷。不过，稳定供应的柴火并不是没有，伐木者盯上了茂密的森林，一棵棵参天大树轰然倒下，然后被加工制作成一捆一捆的干木柴，这些干木柴在广州和香港有很好的销量。在珠江的干流西江最繁忙的航道上，可以看到络绎不绝的运输船载满柴火，顺着河流的方向南下。伐木者寻找财富的脚步从未停止，他们甚至逆流而上，在河流的上游城市开辟新的市场，森林遭到了更加严重的破坏。

燃料的匮乏，也对人们饮食习惯的形成起了一定的影响。尤其是穷人家庭，为了节省柴火，他们常常去街上买熟食填饱肚子，久而久之，这就成了一种生活习惯。这个习惯无形中养活了那些以卖小吃谋生的人群，大街上的小吃摊点前总是人头攒动，生意火爆。不过，西方人很少去凑这个热闹，在他们看来，熟食是一种昂贵的食物，普通家庭是消费不起的。

如果走进中国内地城市的居民住宅，一定能在厨房看到一面黑乎乎的墙壁，几乎家家如此。由于房屋没有烟囱，灶炉生火时产生的烟雾总是直接喷到墙壁上，于是烟熏的黑墙就不可避免地出现了。屋子的采光情况也不尽如人意，大部分光线被不设玻璃的门窗挡在室外，只有极少部分能透过粘上白纸的窗棱照射进来，内地的人们就在昏暗的环境里起居生活，但他们并不觉得有什么不妥。瓦片是铺设地面和屋顶的主要原材料，除此之外，人们也会用到泥土、砖块，或者茅草。

这里讲到的是绝大多数内地人的生活环境，在许多西方人眼里，他们大都过着一种清贫、简朴的生活。当然，富贵人家也是存在的，他们的房屋大都藏匿在一堵高大的围墙之内，若想一睹高贵华丽的风采，普通人是没有这个眼福的。

在这些富丽堂皇的宅子里，室内的陈设十分奢华：也许有价值不菲的瓷器、有美妙绝伦的工艺刺绣，也许还摆放着全世界最令人赏心悦目的家具。不过，西方人在欣赏这一件件亮丽出彩的物件时，并没有完全被其魅力折服，一是因为它们的表面经常覆盖着灰尘，有时还有蜘蛛网，一些东西甚至出现损坏，但无论是宅子的主人还是仆人，似乎都对此视而不见；二是因为，若和西方的富人阶层横向比较，中国内地富豪的这份深受传统手工艺影响的儒雅，就相形见绌了。

中国人一向极少重视环境和物品的美观和卫生，这点和日本人有着显著的差异。通常，人们对“中国”一词条件反射般的印象是：石砌的道路坑坑洼洼，凹凸不平，路面开裂倾斜严重；茅草屋破破烂烂，顶棚肮脏腐烂；寺庙的屋顶向下凹陷，泥瓦上布满苔藓，祭坊屏饰犹如一团乱麻；船舶用破烂不堪的草席搭建而成，根本没有遮风挡雨的作用；在乡村，随处可见粪便、污水池、水泥坑。中国人似乎对创造优美环境，清洁、修补事物这类事情毫不关心。所以，很难在内地城市看到为居民休闲而建的花园或者草地，顶多寺庙内会种植一些树木。究其原因，或许跟中国人的思维方式有关，他们不关心眼前的小问题，也不担心小问题会演变成大问题，如果要费尽心思修葺、保护旧有事物，还不如重新做一个新的。

日本的环境和中国完全相反。路面平整干净，道路两边看不到成堆的垃圾；墙壁被精心清洗过，草屋也被打理得十分整齐。眼所能及之处，都是一片干净、整洁的景象，哪怕是到了日本的乡村，依然保持着这样整洁的风貌。日本人无法容忍破损、杂乱的事物存在，无论修补工程大小，他们从来不计较，大到加固堤坝桥梁、修整道路，小到翻修栅栏、墙壁、屋顶，他们毫不含糊。

倘若要在世界上列举出一些能够与之媲美的环境，我想只可能在荷兰、法国诺曼底、英国的一些地区或者美国境内侨民和新英格兰人集中居住的区域才能找到了。日本人一直享有讲卫生、爱整洁、做事有条理的赞誉，一九一零年夏天那场令世人铭记于心的洪水发生过后，日本人更加声名远扬。

谈到给我留下深刻印象的中国记忆，就不得不提到一种蓝颜色的棉衣，由于这种棉衣不易穿坏，十分受中国百姓欢迎。平日里，他们穿用棉布本色裁剪的深蓝色棉衣，这种衣服摸起来手感比较粗糙。在节庆日，他们就会穿上专门的服装，要么是做工精良的淡蓝色棉衣，要么是绚丽多彩的丝质外套。到了冬天，人们很容易从穿着上分辨出是穷人和富人：穿厚棉衣的是穷人，穿着一身丝质棉袄，棉袄还镶嵌有动物毛皮的一定是富人。

西方人的服装和中国完全不同，多是穿用毛料纺织而成的衣服。如果有人想在中国推广毛料制成的西式服装，恐怕会因为原材料匮乏的问题失望而归。现在，中国的畜牧业还处在自给自足的阶段，大规模的养殖场凤毛麟角，羊毛的供应量根本无法满足批量生产成衣的需要。但是客观地讲，中国人的棉衣是十分实用的，他们把开口留在衣服的侧面，扣上肩上的扣锁后，人的身体就能严严实实地躲在厚厚的棉衣里，即使是在北京遇到从西伯利亚南下的凛冽寒风，也能毫不畏惧。相比之下，西式服装的开口习惯实在太愚笨了，大大的 V 型开口，把人胸口以上的部位全部裸露在外，寒风肆无忌惮地往身体里灌，这个时候，你要是看到一个穿着粗布棉衣的中国人，一定会觉得自己就跟一个衣衫褴褛的图腾崇拜者差不多。

在中国，政府通常会在城市主干道口修建一道拱形的大门，名曰牌楼。牌楼闻名于世，是一种独具中国特色的建筑，一般由两门或者三门构成，样式各异，但造型都十分精致，有一种磅礴之气。建造牌楼的初衷主要是为了对一些事件或者人物进行表彰，不过战绩显赫的遇难士兵通常被排除在外，能够享此荣耀的人，单指一些在相关领域成就非凡的文人学士。中国人之所以热衷于建造牌楼，一是因为牌楼的使用寿命能达到几百年，相当坚固耐用；二是因为胸怀博大的中国人需要通过修建纪念性的建造物来满足消费需求，同时借此传播仁爱之心。于是，在一些城市边缘的路面上，出现了越来越多的牌坊，这些牌坊延续精美的品质，但由于样式单调重复，谁看久了也会产生审美疲劳。

如果看腻了千篇一律的牌楼，去中国华南的城市看看，一定会有耳目一新的发现。在一排排简朴的平房间，耸立着一些近八层楼高的平顶塔楼，外有壕沟围绕，上有隐蔽的天窗，它们的外观和中世纪时的欧洲城堡的高楼极其相似。建筑可以相似，人的情感也有相同之处。十三世纪，比利时佛莱芒人和汉莎商人到伦敦讨生活，身在异乡为异客的感觉十分强烈，如今，在中国的几个大城市中，那些来自其他省份的异乡人也同样体验到和比利时人一样的感受。于是，他们和同乡一起，成立行会，建造会馆，没记错的话，一批生活在西安的四川人、河南人、山西人，就在当地修建了一座金碧辉煌的“三省会馆”。

在中国，当铺的功能十分强大，当你经济拮据时，可以把一些值钱的东西拿到当铺换成现金救急，同时，物品又可以安安稳稳地被“寄存”在当铺行。要是遇上盗贼，藏身于当铺是最明智不过的选择。换个角度来看，当铺既是银行，又是托管中心，还是避难所。

中国河流众多，在公路建设滞后、负重牲口良莠不齐的情况下，水路无疑是百姓出行、货物运输的最佳选择。因此，中国的船多得惊人，如果把其他国家的船只加在一起，或许刚好能和中国的船只数划上等号。在这样的大环境下，大量的劳动力涌向港口和码头，使中国成为世界水上作业劳动力最庞大的地方，当然，中国船夫的能力在世界上也数一数二。

船舶机械化程度不高，多是依靠人力划桨前行，所以总能看到甲板上奋力划桨的船夫。如果看到近二十多个光着胳膊的船夫正伴着船工号子的呼喊声有节奏地划桨，那一定是一艘大船。在顺风顺水时，船夫们比较轻松，但到了有些河段，船夫们不得不选择逆水行舟。这时，他们来到湿滑、陡峭的河堤，手里紧握纤绳，由于没有现成的纤路，他们必须一面用力拉船，一面探索纤路，翻越岩石、穿过狭小的壁架，每走一步都异常困难。

许多贫困的南方人一辈子过着水上漂的生活，在丢掉土地以后，他们不得不把家安置在舢板小船上，在天气晴好之时，他们的水上房屋，看起来就像一个个连接游廊的独立单间。虽然远离陆地，但那里不存在地主、工头、老板，这使他们远离了失业、受剥削和工作的压力，生活过得有滋有味。他们从来不会感到冷清、寂寞，因为在水上世界，总能听到各种各样的声音，有河水缓缓流动的声音，船只碰在一起时发出的嘎吱声，人们在一起唠唠叨叨的交谈声以及婴儿的咿呀学语的声音。水上人家的家居环境大都十分整洁，和荷兰人的家里一样干净，这和取水的便利是分不开的。住在水上的好处还远不止这一点，因为免交租赁税，他们可以凭自己的喜好，在任何喜欢的地方安家、随心所欲地选择邻居和居住环境。这种自由自在的生活方式，使他们的心态十分开朗，即使日子过得紧紧巴巴，他们也从未唉声叹气过，在坚持简朴生活的同时，他们乐观快乐地享受着这份自由。有谁能像他们一样把日子过得如此自在、多彩的呢！

由于智力开发得较早，水上人家的子女大都聪慧机智，这完全得益于他们生活的环境。生活在水上，不慎落水是绝对不可避免的，为此，孩子一出生，大人们便会拿出一个封好口的空坛子，然后把孩子用绳子系在上面，如果孩子掉进水里，大人只要找到坛子，就能轻而易举地找到孩子了。这些孩子的智力发育速度比同龄人要快很多：一岁时，他们就学会了照顾自己；到了三四岁，他们的智力水平几乎相当于美国六七岁的孩子，他们学会了用竹竿撑船，用桨划船，用黑溜溜的、机灵的眼睛观察着周围的一切。这使得他们像意大利婴孩一样讨人喜欢，你会情不自禁地从腰包掏出铜钱，送给这些机智的孩子。

居住在城市的西方人，从来不会和农村打交道，但在重视亲缘关系的中国，城市人却保持着和农村家族的联系，即便是每晚例行关闭的高大城门，也无法阻挡他们的来往。前段时间，香港造船、修船业遭到重创，大量在码头从事水上作业的劳动力失去了生活来源，寻找新工作似乎是他们度过危机的不二选择。但出人意料的是，失业并没有对他们产生太大的冲击，这批人回到祖祖辈辈居住的农村，投靠家族大家庭，一边依靠祖先留下的家业维持生存，一边等待形势好转的那一天。但这样的待遇并不是每个人都能享有，家族中和女性同姓氏的亲戚，是没有资格长时间待下去的。

为了让后代不忘本，珍视血脉相承的家族关系，那些来自乡村、并在城市里赚了钱、扎下根的商人，会想出种种办法，让自己的孩子和家乡接触，和农村的大家族产生联系。平日里，他们会捐款资助家族祠堂的日常保养、帮助家人购置土地。每年的家族宴会，他们还会送上一份象征吉利的烤猪肉。有了子嗣之后，他们会把儿子的名字记录在家族祠堂的名册里，到了节假日，他们带着孩子一起回到故乡探亲，让孩子和乡亲们交朋友，有些人甚至会干脆让孩子从小就生活在乡村的大家族里。正因为如此，在这些孩子们的心里，从小就烙上了难以磨灭的乡土情结，即便是父母过世之后，他们对乡村的依恋也不会消灭。恐怕只有他们家族的人在战乱、洪灾或者饥荒中全部丧命，才有可能隔断这样的联系。

因此，中国的城市实际上是一个团体，团体成员来自不同的小组织，散乱而缺乏集体精神，和真正的市民社会相去甚远。如果不建立起城市市政议会，并鼓励城市居民参与公共事务管理，激发他们的集体意识，则会很难使城市人的家族观变弱，从而不那么留恋乡土。

在中国，极难看到公墓，死者的墓地通常单独占居一块土地，选在家族所在的乡村。因此，随着山势高低起伏的座座坟墓便成了城市周边常见的风景。把死者的坟墓安置在如此显眼的位置，不能不让人对中国人的生死产生怀疑。在城市向外扩张发展的进程中，这些坟头必将成为阻碍。广东基督教学院的现状就能很好地证实这一点，该学校修建在墓地集中的区域，为了建设校园，学校前后签订了将近四百多份财产转让证书，但学校在向部分墓地主人购买土地时，遭到拒绝，直到现在，校园里还零星分布着一些墓地。

为死者设置灵堂是中国人的一种风俗，人们请来懂风水的相士占卜吉利的入葬时间，并挑选风水好的墓地。所以在这之前，安放死者的灵柩会在灵堂停留好几个月，时间长的能达到好几年。制作灵柩的原材料不是木板而是圆木，挖掉中间的部分，形成可容纳一人的空心，即做成了一口棺材。中国人的做法虽然足够虔诚，但无形中给农村的生态环境带来了严重的破坏。

在中国华北的绝大多数地区，最引人注目的地貌景观便是黄土地，许多最富中国特色的观念的形成，便深受黄土地的影响。在地质学家看来，这些地方深居亚洲内陆，气候干燥、多大风，随之而来的尘土经过长年累月的累积，便形成了黄土，一些地区的黄土有五十多米之厚。不过，纵向观察过黄土的人会发现它是缺乏层次的，厚厚的黄土掩埋了植被、草地，因此，指望在黄土里找到海贝之类的东西不太可能，但在黄土里能发现贝壳，还有烂掉的草根留下的针般大小的笔直小筒。雨水和河流把聚集在山坡上的黄土冲到山下，山脊很快就裸露出来，水流夹带着泥沙沉积在盆地的低洼处，在乡村形成了松软的土质。

泥沙给经过的河流带来了不小的麻烦。任何一条河流经过此地，都会被黄色的泥土染成“棕黄色”，河流中过多的泥沙，导致大型船只无法通行，此外，泥沙阻塞了平原地带的河床，河流经过时，不得不被迫改道。为什么黄色是中国帝王的象征？“黄河”、“黄海”、“黄帝”的来源又是什么？了解过这片黄土地后，这些问题也许能迎刃而解。

京汉铁路北段要经过一片辽阔的黄土地，一路放眼望去，看不到山、树、石头，俨然到了一个黄色的世界：黄色的土地、黄色的河流、黄色的房屋、村庄、城墙，连空气中都飞扬着黄色的沙尘，植被被黄沙遮盖也成了黄色，人们的衣服仿佛也被染上了一层黄色。沿着铁路沿线还能隐约看到一些铁质器具留下的痕迹，但过不了几年，它们将被黄沙掩埋，全部不见踪影。这便是黄土地，中国传统文化的摇篮，黄皮肤的中国人最早居住的地方。

黄土高原上的黄土地，看上去和奶酪极其相似。人们利用高原地形在黄土坡上凿洞而居，创造了独具中国特色的窑洞建筑。窑洞内抹上泥灰后，非常适合居住，不仅冬暖夏凉，而且干爽整洁，唯一不太理想的地方就是自然通风不足。一些窑洞高达两三层，洞口有精美的门窗，屋子里的家具陈设也安排得井井有条。

黄土高原的农田景观十分奇特，由于房屋、道路、人和牲畜全部被一堵二十多米高的黄土墙挡在视线外，所以当你站在辽阔的田野里举目四望时，唯一能看到的就是块块耕作精良的农田。高原的道路沿着河谷蜿蜒分布，在沿途陡峭的山崖上可以看到人们依山而建的房屋以及饲养牲畜的棚舍。

中国人的思想意识里还不存在保护“公共利益”这一认识，绝大多数中国人要定期向统治阶层交纳贡赋，但他们却从来没有因此享受过任何福利。因此，部分阶层的利益是通过牺牲公众的集体利益、公共利益、甚至子子孙孙的利益而得到的。在中国，由于统治者缺乏对公共事务的管理，在不适合种植庄稼，又没有主人的山地上，植被、树木等事物遭到破坏、抢掠是常有的事。所以，中国人从来不会花费心思在这些地方栽种花草树木。在黄河最大的支流——渭河沿岸，就出现了这样的风景：原本用来种植庄稼的农田里，耸立着许多葱郁的大树，但不远处的山坡却是一块不毛之地，一棵树也看不到。为了守住自己的利益，人们全然不顾那些枝繁叶茂的大树会和庄稼争夺生长必需的营养。

在直隶北部靠近热河的森林地带，生长着大片松木，这些松木树干笔直、坚固，非常适合用来架设电线，现在，随着伐木者的到来，这片森林遭到严重破坏，松木也越来越少。令人想不到的是，人们宁愿用一些曲折不直的柳树来架设电线，也从不考虑采用松木，于是，成堆的松木因为无人问津而被荒弃，然后烂掉。对此，官员们态度冷淡，毫不关心，不难想象，他们中的一些人一定能从中捞到好处，至于木材的去向，就不关他们的事了。

事实上，中国许多地方都有程度不同的环境破坏问题。几百年前，香港对面的九龙山森林、树木繁茂，但在遭到严重的砍伐、破坏后，水土大量流失，若不是及时在山上放置巨型花岗岩对其阻拦，后果不堪设想。在东京湾（今北部湾）的北岸，土地过度开发造成的土地浪费，使那里的树木基本全被毁坏，仅仅能在田埂间看到几棵“幸存者”。更糟糕的是，当表层肥沃的土壤流失后，留下的是肥力极低的生土，农民只有被迫离开，不再耕种。

西江两岸、福建沿海都有类似的现象。西江沿岸的红土坡，寸草不生，长年侵蚀使地表高低不平，遍布深沟和土堆，裸露在外的大片红土像鲜血般殷红，极其炫目。不过，福建沿海山坡的状况更加令人触目惊心。由于水土流失严重，那里除了光秃秃的岩石，几乎看不到一点土壤，而剩下的一些灌木和杂草也岌岌可危，一些对水土流失视而不见的砍柴人常常来到这里将它们连根挖起，加速了土壤的流失。种植树木兴许能拯救这片山坡，但一旦种了树，就要日夜守护在此，否则树木很容易被人偷走。所以没有一个人肯主动站出来担负这个责任。不过，在离海岸稍远一些的伐木区，不仅土壤保持良好，还能在山坡上看到青翠茂盛的植被。其实那里的森林也遭到了非常严重的破坏，但多雨的天气促使草木迅速生长，从而防止了水土流失。

在黄土高原，水土流失十分严重：塌陷的土坡随处可见；湍流冲击着堤坝，泥沙从山坡冲到河谷平原，沉积而成的淤泥阻塞了河道和桥梁，使河水流动的速度减慢，桥梁无法通行；夹杂着泥沙的溪流，也变得混浊不清，和豌豆汤的颜色一样；植被稀少的谷地，土壤肥力不足。这一切，无不昭示着黄土高原的生态环境岌岌可危。在以后的几百年内，倘若人们继续毫无节制地乱砍乱伐，必将使这片土地对自然灾害的抵抗力急速下降。覆盖在那些缺乏草木保护的山坡上的黄土，会和雨水落到屋顶一样轻而易举地被冲到山脚，如果雨季来临，黄河决堤，凶猛的洪水就会冲向平原地区，淹没农田和村庄，使生活在平原上的人们遭到毁灭性的灾难。此外，黄土高原的生态破坏也会使下游地区面临危险。因为任何一条经过中国西北黄土地的河流，必然会把大量的泥沙带入下游，从而抬高了下游河床的水位，对于这些地区的人们来说，这无疑是一枚充满危险的定时炸弹。

值得一提的是，外国人对山区的植被恢复和重建工作有着极大的热忱，比如居住在广东九龙的英国人和山东胶州的德国人，他们早就把植树造林的事务提上了日程。但中国人对此的态度则要淡漠得多，他们并不打算在全国范围内大规模重新造林，不过，京汉铁路公司倒是在鄂北山区栽种了不少树木，但其造林的初衷也只是为了为制作枕木提供原材料。

中国的生态环境之所以如此糟糕，与其过早地取缔分封制度以及缺乏相关环境保护制度有关。如果在几百年前，中国统治者能够借鉴中世纪时期的欧洲，制定森林法，对滥砍滥伐的行为加以约束和惩罚，并修建宽广的渔猎场，保护森林，中国的环境一定会好很多。当然，这只是假设，木已成舟，中国的自然环境已经遭到极大的破坏，唯一能做的便是立即采取科学有效的措施，防治结合，从而使环境恢复到以前的面貌。这必是一场耗时不短的持久战，和世界上最先进的欧洲国家曾经采用过的环保措施相比，中国需要制定出一套综合度更高，并且贯彻始终的治理方案。但这个时代的中国人，习惯着眼于当下，缺乏这样的未雨绸缪和高瞻远瞩，同时，也不具备与之匹配的管理才干。因此，在当代，中国的自然环境的继续恶化不可避免。

和糟糕的环境相比，中国野生动物的数量却令人大吃一惊。在一些地区，可以看到频繁出没的老虎和豹子。就是在长江的江面上，也能看到许多逗留、玩耍的野鸭，这为那些旅居在各大通商口岸、又爱好捕猎的外国人提供了极大的方便。不过，时至今日，中国还没有出台过保护动物的法律法规，那么，这样一个历史悠久、人口密集的国家，是如何使野生动物得到如此完好的保护呢？首先，在中国人的观念里，夺取动物的生命并不能给他们带来任何快乐，所以，他们很难对捕猎产生兴趣；其次，中国人没有捕猎必备的工具——枪支，因为拥有和携带枪支在中国是严厉禁止的。

在人类史上，很难找到比中国的万里长城更加雄伟和杰出的建筑了，世界上能与之齐名的只有埃及金字塔和巴拿马运河。那些曾经被西方人赞不绝口的铁路路基、隧道，在规模宏大、气势磅礴的长城面前也相形见绌，就像是侏儒修建的。长城绵延长达上万里，它到底用了多少块砖石建造而成，恐怕难以计数，如果要用长城上的砖石来修建埃及最大的金字塔——胡夫塔，只需要拿走五十米内的即可，而且还能得到一座比胡夫塔高得多的金字塔。在长城南口，顶端高达六米，砖墙上方设置了向外突出的隘口，地表的砖石形状大小一致，最宽的地方可容纳七八个人并排行走。平均在一百竿内，就会出现两座体积庞大的塔，这种塔能使长城更加坚固，塔的顶端十分开阔，面积达到十平方码。

长城就像一条在群山峻岭间缓慢爬行的巨蛇，它沿着陡直的石壁，爬上又高又陡的山坡，到达山顶之后，放下一座方正的烽火台，绕过山脚的平原，又接着向另一条山脉爬去，于是，几乎每个山顶都矗立着一座烽火台。从远处看去，烽火台就像皇冠一样，戴在走向朝北的山麓小丘上。长城的建造充分利用了地形，它的石基是沿着山岭的脊背修筑，并顺着山脉的走势，蜿蜒曲折地延伸出去。因此，随着山势的起伏，这条石头巨蛇，不是隐藏在狭小的山谷间，或黑色的大山深处，就是出现在高高的山脊上，向人们毫无保留地展示着它的三十英里长的庞大身躯，此时，十二点以后的天空就会被它的城垛分成两片。长城之外，就是风沙密布的蒙古高原，那里居住着凶猛的游牧人，他们是中国人的宿敌。

此情此景，不由地令人想到了这样的画面：在漫天沙土的高原上，游牧人身穿羊皮袄，胡须稀稀拉拉，牙齿也露在外面，他们手拿长矛，骑在不干不净的矮种马上，正忐忑不安地眺望着眼前这条石蛇，试图找到攻破它的方法，他们以抢夺财物为生的祖先，一直都能成功地越过这道巨大的屏障。此时，中国士兵也早已在长城的扶墙上排好队列，和对面的游牧人形成对峙之势。士兵们身穿蓝色本色布衣服，一面通过城墙石头的缝隙，向宿敌发射弓箭，一面对游牧人的穿着打扮冷嘲热讽。

中国人修筑长城就是为了抵御塞北游牧民族频繁的侵犯，不过到了这个时代，随着佛教的传入，蒙古人在喇嘛的帮助和佛教的洗礼下，逐渐改掉了凶残的本性，长城的军事防御作用也就不复存在了。现在，关内关外互通有无，长城的关口演变成了重要的通商要道，关外的羊毛、皮制品、木材被带到关内，而关内的砖茶、火柴、煤油也被源源不断地送到关外。行人络绎不绝地出入，驼队长长的，队员们意气风发地走过，这里呈现出一派繁忙、热闹的景象。

由于国土面积辽阔，中国人的外形和文化习惯不免出现南北差异，在差异存在的同时，两者也有着相当高的同一性，只要对南方人和北方人进行一番比较后就会发现，这种同一性尤其表现在文化方面。直属北京城的直隶人的血统里，有一部分来自鞑靼人，因此，他们的混血特征十分突出，个个肤色明亮，体魄健壮，人高马大，那些广东人以及居住在福建、浙江的客家人至少比他们矮十多厘米。他们性格豪爽、待人也很真诚。铁路警察也是北方人的典型代表，他们的行动稳而有力，是当之无愧的好士兵。他们的性格温顺、诚恳、善良，虽然思维不够活跃，但绝对是值得一交的朋友。他们的言谈举止，像极了美国的那些来自乡村的年轻人。

南方人肤色偏黄，身材也比北方人要瘦小得多，他们性格精明谨慎，虽然缺乏北方人的坚毅和憨厚，但头脑比北方人灵活得多。尽管如此，西方人理解他们却更加费劲，也不容易对他们产生信任感。在一些价格低廉的小说里，常常能看到一些关于中国人的描写，大多是这样的：像猫一样狡黠，脸上爬满皱纹，相貌丑陋。事实上，这是作者依照南方人的形象加工而成的。此外，一些趣味十足的传奇文学里也有对东方人的刻画，说他们城府很深，狡诈多谋，原型就是广东人。

毫无疑问，论才干和智谋，北方人远不及南方人精明、智慧，但在经营股份公司时，北方人却更容易成功。这完全得益于北方人的性格，和广东人相比，他们做事谨慎踏实、信心十足。和大多数南方人相比，北方人对朋友以诚相待，相互信任，所以，北方人更容易团结在一起。在中国未来的工业化进程中，走在前面的一定是北方人。

第二章　生命力旺盛的中国人

在中国，婴儿的成活率只有百分之二十，和成活率高达百分之七十的西方国家相比，相差甚远。东西方国家迥然不同的生活环境，是形成这种差异的主要原因，中国儿童从小生活在艰苦的环境中，所以其成活率一直处在很低的水平。但是，在体质方面，中国人比西方人要好很多。

一些白人孩子和中国孩子，他们在刚出生时都具备同样的生命活力，随后会因为各种原因，夭折一部分，剩下一些幸存者，但在他们当中，中国人的体质总是强于西方人。如果将白人婴儿中幸存下来的百分之七十拿到中国养育，成活率并不乐观，能够克服恶劣环境并最终存活下来的婴儿，兴许只有百分之二十，其余百分之五十体质较弱的婴儿，则因无法适应环境而夭折。中国婴儿虽然只有百分之二十获得幸存，但他们却将体内优异的基因——强大的生命力，保留了下来并代代相传。

如果想弄清楚白种人和黄种人的体格差异到底在哪，分析东西方儿童的成活率无疑是一个极好的切入点。在当代，西方国家的医疗卫生水平领先于世界，人们的生活也十分富足、优越，在这样的生活环境下，即使是一些身体孱弱的白人儿童，也有了存活的机会。但在中国，身体素质较弱的婴儿，却只能被动地适应强者生存、弱者淘汰的自然法则。在东西方条件如此悬殊的情况下，是什么重要的因素使得中国人的生命力反倒比白种人强呢？了解了这个问题，对改善白种人的体质会有极大的帮助。

在近两百年的时间里，西方人一直在不懈地努力，致力于提高自身的生活质量和生存能力，事实证明，这些努力成效显著，着实提高了人们的生活水平。不过，西方人的体质有没有随之增强，甚至发生根本性的改变呢？带着这个疑问，我走访了许多中国教会和医院，从三十三位白人医生的口中获得了不少新的认识。

在青岛，我遇到一位医术娴熟、医德高尚的德国医生，在他看来，中国人的体质并不比白人强多少。他说，来中国之前，曾经在德国中部的绍林吉地区工作过一段时间，那里的农民吃苦耐劳，体格强健，但是中国人的体质远不如这些人。中国人免疫力低下，体弱多病，在治疗疾病的过程中，还会出现反应迟钝，畏惧病痛的现象。另外三名在中国旅居了二十多年的外籍医生，和这位德国医生有着相似的观点。他们一致认为，白种人和黄种人的体质是一样的，区别不大。随后，我又问了他们几个问题，其中两位医生的回答却和这一结论自相矛盾。他们指出中国人高烧时，忍受病痛的能力很强；对于白种人来说，血毒症无疑是绝症，但中国人却能战胜它。显而易见，这样的事实明显证实了中国人的体质在某些方面是比白种人强的。这三位医生之所以做出前后矛盾的表达，和他们缺乏将白种人和中国人进行比较的意识有关。他们远离家乡二十多年，恐怕早已不记得白种人的体质状况，所以，也难以对白种人和黄种人体质方面的差异做出客观的评价。

其余二十九名医生的观点出奇地一致：和家乡所在地的白种人相比，中国人的体内确实存在某种更加优良的基因。外科医生们在对中国人做手术时发现，中国人极少出现休克的状况，“在手术中，中国人总是平安无事。”一位来自英国的医生这样说道。这些白人医生还告诉我，东西方的医疗条件优劣分明，中国的教会医院一般规模不大，医疗设备也十分简陋，即缺乏设备又没有良好的消毒环境，西方国家医院的条件则要好得多，那里设备齐全，品质优良，医院环境也十分洁净，但出乎他们意料的是，两种环境的手术效果却差不多，中国人被治愈的机率并不比白种人低。

一位在福建从医的肯奈尔医生就用自己的亲身经历，说明了这一点。前段时间，他去德国度假，回到中国后，他将两国的医疗条件和治疗效果做了一番对比，在治疗炎症方面，在柏林从医的冯·鲍曼医生用的都是先进的医疗设备，而自己则只能使用那些极其简陋的设备，但是，中国人和柏林人的治疗效果却不相上下。由此可见，倘若中国人能和白种人享受一样的医疗条件，他们在经历过大手术后，身体就会恢复得更快，治愈的可能性也更高。

令白人医生们惊诧不已的是，中国人即使受到重伤，也能极快恢复。他们告诉我，有一次，他们遇到一名腹部被划伤的苦力，当时，他的伤情十分严重，连肠子都露了出来，被人抬进医院时，他不得不用手托着肠子。几名医生把他的肠子放回体内，然后缝住伤口，就完成了简单的手术。没有消毒设备，和肠子一起进入腹内的还有看不见的细菌。没过多久，这个人就痊愈出院了，实在出人意料！

事实上，让医生们大感惊讶的还不止这些。在治疗过程中，中国患者往往能表现出异常灵敏的反应。比方说，在一次意外中，小孩被切去了几根手指，为了应急，大人们赶紧把切下的手指放在原来的位置，然后用几块烂布条将其缠绕在一起，当然，这样草草了事的包扎完全忽略了可能会加重伤情的因素——细菌感染。不出一周，小孩的手就肿了起来，大人们不得不带孩子来医院治疗，但已经出现的破伤风，使医生们对治愈不抱希望，他们清洗了孩子手上的伤口，就大人带孩子离开了。他们都以为这个孩子很快就会死于破伤风，没想到三天后，这个孩子的破伤风竟奇迹般消失了，孩子也恢复了活蹦乱跳的生机。

一辆马车轧伤了一个人的手指，很快就引发了血毒症，病症集中出现在胳膊以及腋下腺，经过医生的简单治疗，这个人的血毒症就不见了。一名患者刚来医院时，高烧已经持续了数日，受伤破裂的地方也生了蛆，但当医生对他的伤口进行过药物清洁后，他很快就退烧了。一位乳腺癌患者，由于手术后伤口感染，她一度烧到了华氏一百零六度，进食困难，在高烧不止的日子里，她就靠着丈夫喂给她的硬水栗子勉强填肚子，最后，她挺了过来，烧退了，身体也完全康复了。

中国人在面对血毒症时，表现出了极强的抵抗力，关于这一点，几乎所有白人医生都觉得吃惊。他们不由得对这个现象展开了讨论。大多数谈话都被我记在了笔记本里："中国人体内存在着对抗疾病的优质基因"；"血毒症是一种十分少见的疾病，但中国人对它的抵抗力要比我们西方人强得多"；"中国人对产脓病菌有的免疫力也很强"；"我们国家的人一旦染上坏疽这种疾病，很快就会发展成更为严重的疽病，但这种情况从来没有在中国人身上发生过，显然，他们比我们更能抵抗坏疽病"；"即使是非常严重的疽伤，也不会使中国人发烧，他们好得很快"；"有时，医生们会对一些身患妇科病，又不幸染上败血症的妇女，放弃治疗，但最后，她们却总能靠着自身强大的抵抗力，渡过难关"；"我们白种人如果连续高烧七天，多半会丢掉性命，但中国人却能痊愈。"由此看来，那段在洋医生们口中广为流传的话，真是一点也不夸张："除非死亡来临，否则千万别放弃对任何一个中国人的生命进行挽救。"

生孩子对于南方妇女来说，不是什么大不了的事，她们在生产过程中也很少大声喊叫，她们的身体恢复得极快，一般不到三天就能自如地活动了，这或许和南方妇女不需要裹足有关，在中国，裹足现象更多地出现在北方。我从一位叫斯文的医生那里，听到了这样的例子：他在河边找到一个女船家，想坐她的小船到河对面去，不料，她示意他等上一会儿，十五分钟，最多不超过三十分钟就行。原来这位女船家已有十个月的身孕，此刻正要分娩。不到半个小时的工夫，她就生完孩子，拿起船桨去送医生渡江了！船尾的一堆破布中，不时传来婴儿的哭声。斯文说，在广州工作时，他碰到过很多次类似的情况。

如果妇女是在家里分娩，通常会请来一位助产婆帮忙接生，她们大多是一些年纪较大的老人。由于屋子里总是脏兮兮的，孕妇生产的环境自然也好不到哪里去，产婆们对这些也视而不见，反正就算条件再恶劣，中国妇女也很少有产褥热的症状。但西方人是绝不会允许产妇在这样糟糕的环境里生产的，因为这很可能会要了一个白人产妇的性命。如果中国妇女遇到难产，只能忍受着巨痛，等待家人去请洋医生。往往一等就是两三天，这时，腹中的胎儿已经死了，产妇也出现了低烧的状况。但只要洋医生将死胎从体内取出来后，产妇的身体很快就能复原，其性生活也没有因此受到任何影响。

中国人口众多，环境拥挤，时常让人产生一种呼吸困难的感觉，在这样的环境里生活，具备一定的卫生常识是很有必要的，但是中国人对卫生知识的了解基本为零。从表面看起来，病菌更易入侵中国人的身体，事实恰恰相反，中国人的机体因为长期和它们对抗，免疫力反倒变得越来越强。许多外国人对此即惊讶又羡慕。要证实这一点并不难，可以找到很多事例。就拿蚊虫叮咬来说，凡是来中国不久的老外，被蚊子叮咬过的地方总会马上出现肿块，但中国人从来都是安然无恙；即使喝了不干净的河水，中国人也从未得过痢疾；以前，医生总是把伤寒病和一种与之是非相似的病症混为一谈，所以现在，如果没有经过细致的检查，医生不再轻易做出诊断。事实上，中国人是极少患伤寒的；此外，风湿性心脏病在中国也不多见。在三十三位医生看来，天花这样的疾病，在中国并不算什么大病，对于中国人来说，天花顶多就是一种流行性腮腺炎。

白人医生们还发现，中国人在呕吐过后，很快就能回到正常的状态。在对麻醉药——氯仿的反应方面，中国人比白种人要平静得多，中国人总能很快地进入昏睡的状况，而白种人在此之前，总会兴奋一段时间。一位医生说，他在中国长达二十五年的从医生涯中，从未碰到过一个因使用麻醉剂而死亡的患者。有六次外科手术，他甚至没有使用麻醉剂，病人不但没有胆怯畏缩，还表现出了极强的忍耐力。白种人无法忍受这种疼痛，没有麻醉剂，手术根本无法进行。但在中国，做手术不用麻醉剂是司空见惯的事，小到拔牙，大到切除肿瘤以及烂掉的肌肉都是如此。当肿瘤长在体内不易探寻的地方，或者腐肉刚好位于肋骨顶端时，手术带来的巨大疼痛，常人难以想象，但中国人却都能咬牙忍受，并最终坚持到手术结束。这些事实无不展示了中国人在面临疼痛时，具有超强的忍耐力。

其中三十位医生还进一步表示，患者对疼痛的反应的确相当迟钝，甚至可以说他们感觉不到痛。也许正因为如此，中国才有了滋生毒刑拷打这类残酷刑罚的土壤，世界上任何一个民族，都极少出现对人体这般肆无忌惮地摧残。不过，如果说所有中国人都对痛苦毫无感觉，就有些不够客观。比如脑力工作者，由于长期伏案工作，很少做运动，他们在遇到疼痛时往往不够顽强。而在上层阶级中，一些人整日敞开肚皮大吃大喝，他们承受痛苦的能力，自然无法和饮食简单、日子清苦的劳动人民相提并论。至于那些士绅们，生活方式奢侈糜烂，身心未老先衰，身体上一些细微的疼痛都避之不及，更谈不上忍耐力了。所以，部分医生一致认为：中国人对疼痛反应迟钝，是绝大多数中国百姓在简朴、节制的生活中，无意识形成的一种现象，和种族特性毫无关系。

一位医生提到，给篮球打气时，会产生吱吱的声响，如果他们国家的人听到这种声音，身体就会感到不适。但中国人绝不会这样。另一位医生补充道，神经衰弱、神经过敏症这类疾病，也极少出现在中国人身上。一名在部队管理医疗事务的领导说，秋训时，由于气候的原因，地表总是湿漉漉的，结束了一天的对抗军演后，战士们就在上面简单地铺上些干草，倒头便睡，这样半湿半干的"床"，他们要一直睡到训练的最后一天，但战士们没有因此染上任何疾病。

苦力们的身体素质也很强，在肩挑重担快步行走两小时后，他们停下来吃饭，片刻工夫，就把冒着热气的米饭扫了个精光，接着又马不停蹄地继续赶路。这是我亲眼所见的一个情景。我想，如果做苦力的是白种人，以这种又急又猛的进食速度，胃会吃不消，疼痛说不定会折磨得他们满地打滚。我还发现，中国人在哪都能睡着，哪怕是在一年中炎热的日子，他们也能在骄阳下，把砖块、石头当枕头，躺在砖石、木堆上入睡。面对一些即缺少变化又毫无趣味的工作，中国人往往能够坚持下来，但这样的工作，对于白种人来说，是无法想象的。

不过，这样的对比只反映了部分问题，事实却还有另外一面。一些医生表示，对肺炎的抵抗力，中国人要弱于白种人，哪怕他们极少染上这种疾病。疟疾是中国人常得的一种病，他们的生命在疟疾面前显得十分脆弱，比如在香港，就有不少中国人死于疟疾，但这种状况极少出现在外国人身上。中国人对结核病的抵抗力也很一般。他们发高烧时，通常能很快康复，但是如果持续时间过长，还是会超出他们的忍耐范围。对于中国儿童来说，他们的生命总是会受到猩红热和麻疹的威胁。

还有一些医生对中国人生命力逐渐减弱的现象，做出了这样的解释：缺乏卫生常识的生活习惯和肮脏的居住环境是产生这一现象的罪魁祸首。走进中国人的家里，会发现他们总是紧闭门窗，好像生怕外面的新鲜空气闯进来一样，即使在温暖的季节，也是如此，长期生活在空气不流通的环境里，会滋生出许多身体问题。在教会学校上学的中国学生，同样有关窗关门的习惯，但有时老师们会强行开窗，天一黑，他们好像能在空气中看到飘荡的鬼魂，个个警惕地紧紧蜷缩在被窝里。在中国人眼里，外国人身体娇弱，因此需要讲究卫生，但他们觉得这对自己根本不起作用。但实际情况并非如此，就拿在美国教会学校读书的中国女孩来说，她们的精力和体力总是无法承受快节奏的教学速度，于是，每每学习一段时间，她们就需要做一次长时间的休息和调养。自然，她们的学习进程总会比那些身体状况良好的美国女孩慢很多。基于中国学生这样的身体条件，我想英国人的教会学校会是他们更理想的选择，那里的教学速度要慢得多。

绝大多数医生都承认，在疾病面前，黄种人免疫力强、痊愈率高，一定和他们体内某种特别的生命基因有关。不过，也有一些医生并不这么看，他们认为中国人的饮食习惯和生活态度才是真正原因。还有一些医生说，现在，糟糕的生存环境导致中国人对痛苦的承受力越来越弱，但是即便如此，如果把白种人放到和中国人一样的生活环境里，中国人的生存力依然占据优势。

综上所述，我们发现，在中国人的民族精神中，那些刚毅、坚强、百折不挠的部分，或多或少地受到了某种与众不同的生命活力的影响。在形成这种生命力之前，中国人经历过一场即漫长又严厉的生存竞争，最后，强者带着优异的生命力存活了下来。尽管北欧人的祖先也有和中国人相似的经历，但中国人所经历的从蛮荒到文明的过程，比北欧人要漫长得多，期间生存竞争更为激烈。如此严格的自然进化提高了中国人的身体素质水平，更加促使他们形成了极强的康复能力、对疾病的抵抗力，以及对恶劣环境的适应能力。

在华南和中原的农村和城市里，人们集中居住在一起，他们的饮用水直接取自运河，要么就是从稻田里，甚至排水沟里打来的脏水；吃的东西不干不净，无论是变质猪肉还是用污物做肥料的蔬菜，他们都照吃不误；居住环境即简陋、又肮脏，污浊不堪的巷子内，密密麻麻地分布着一些低矮的房舍，屋内屋外都是脏兮兮的；睡觉的地方面积不大，空气混浊，令人感到很不舒适。人口高度集中以及恶劣的生活环境，导致病毒极易滋生，在和有毒物质进行对抗的过程中，仅有百分之二十五的人能够凭借体内的免疫力存活下来，并将这种免疫力传给后代，其他百分之七十五的人就会被无情淘汰。

不过，幸存者们要想在新一轮的自然选择中再次获胜，不得不适应令人窒息的空气、繁重的劳作、变质的食物和毒菌。如果选出同样数量的美国人去福州、苏州生活一段时间，并让他们完全按照当地中国人的方式起居饮食，我敢断定，百分之二十五的人活不到一年，就会死掉。没错，这样看来，中国人的生命力确实比美国人强悍得多，但中国人也为此付出了代价，一般他们身体发育迟缓，体能弱。比如中国儿童，他们的个头看起来总是和实际年龄不吻合，普遍不高。婴儿的身体素质和我们相比，也强不到哪里去。在中国，恶劣的生存环境对人们的生存影响实在太大了，不光弱者更易被淘汰，就算是顽强存活下来的强者，其生命力同样会被减弱。

我想强调一点，中国人强有力的生命力，和一些还处于蛮荒阶段的民族的原始生命力，是截然不同的，两者绝对不能画上等号。原始生命力在世界上许多种族都有表现：逐草而居的阿拉伯人；生活在东南亚地区，靠渔猎谋生的达雅克人以及美洲土著印第安人。原始生命力主要是指人体先天具备的一些能力，如人体活动中，发达肌肉能付出的耐力及各个器官的活力常态等，此外，也涉及人们对野外恶劣环境的适应能力。它绝不具备对疾病的免疫能力。所以，移居文明社会，对于那些尚未开化的民族来说，必定会遭到灭顶之灾，就像成群死去的苍蝇一样。举个简单的例子，居住在格陵兰岛上的爱斯基摩人，祖祖辈辈就住在冰天雪地的圆顶雪屋里。尽管在文明社会的人们看来，纽约公寓的空气十分新鲜，但如果让爱斯基摩人去住，他们却无法忍受。没错，对于这些尚未开化的土著人来说，疾病对他们生命造成的威胁，甚至比火枪都大。如果那些开辟殖民地的欧洲人，将疾病传染给当地土著，他们都会因此而丧命。

当人们告别原始状态，进入文明阶段，许多以前从未出现过的病菌便会向他们宣战，只有在体内形成了对新病菌的免疫力，才能有存活的机会。密集而居的中国人之所以能抵挡住病毒，就是因为体内具备了应对它们的特殊免疫力。当然，这种抵抗力是中国人在文明社会里，通过一次次艰难的磨砺培养出来的，绝不是在几千年前，从他们逐草而居的祖先那里继承而来的。它产生的环境都是病菌容易传播的地方，要么就是在人口众多的城市里，要么就是在庄稼繁密的农业社会。想想看，无论是花草树木，还是种着稻谷的庄稼地，哪个不是适宜病菌生存的场所，花草树木本身就自带病菌，而稻田则是蚊虫繁殖的温床。此外，原本干净的溪水遭到农业用水污染过后，也成了细菌密集的浑浊的水沟。不过，这样的环境只会存在于人类文明进程中的一个历史阶段，在蒙昧的阶段不会有，在进入更高一层的发展阶段后也会消失。在这个时代，人们已经学会了用科学手段杜绝这些病菌的滋生，产生免疫力抵御病菌的习惯也就逐渐被人们抛弃。

在西方人看来，中国人体质中的某些特征，比如坚强，极有可能形成并发展成一种极具威胁的军事力量，这令西方人极为不安。如今，人们不会全凭兴致去打仗，在开战之前总会做一番周密的准备。然而，倘若白人军队和中国军队，在人数相同的前提下进行激烈的对抗，占据绝对优势的会是中国军队，白人军队即使拥有精良的军事装备也无济于事。尤其当战事陷入焦灼状态，不可避免地进入持久战，粮草物资就会越来越少，战士们长时间吃不好、睡不好，饮水困难，再加上过度疲劳的行军打仗、焦虑心理也会在军营里蔓延。这时，中国军队的优势就更加明显了，吃苦耐劳的中国士兵往往能坚强地熬过这一切，但白人士兵的身体就会有些吃不消。这样一来，如果双方再次短兵相接，耐力不足的白人军队多半会不堪一击，技不如人的中国士兵，则能依靠他们极强的忍耐力获得胜利。

既然中国人和白种人存在诸多差异，那么，当把白人劳工和华人劳工之间的竞争力作比较时，就不能单以人的价值高低来做评判标准，必须考虑到环境对两者的影响。我们看到，一些环境不错的工作总是由白人掌控，好的工作环境能使他们的精神、身体状态达到最佳，在同等条件下，他们的工作效率确实比黄种人高不少；但是，如果在较恶劣的环境里劳作，白种人的成绩就比不上黄种人了。因为他们对生存环境的要求很高，吃穿住行样样讲究，他们无法像黄种人一样，吃变质的食物，穿破旧的衣服，如果整日在空气混浊、噪音不断、肮脏不堪、病菌横行的高温环境里工作，会要了他们的命，他们也承受不起半点痛苦。这里有一个很好的例子能说明这一点：白人雷利在与华人阿三竞争工作时，雷利可以顺利地找到一份好环境的工作。阿三败下阵来，最后找了一份勉强糊口的工作，微薄的收入使他的生活水准远低于雷利，但如果换成雷利拿着这样一份工资，他的日子根本过不下去。阿三的工作比雷利干得好，但即便如此，他也无法夺走雷利的饭碗。不过，如果是三四个阿三，工作成绩更加出色，就能够撼动雷利的饭碗了，但是，他们依然得不到工作的机会。雷利并不排斥竞争，也并不是心胸狭窄的人，他之所以极力将阿三阻拦在自己所在的劳动力市场外，完全是因为，在他的观念里，好环境里的工作只有强者才能胜任，至于那些在恶劣工作环境中，具有极强忍耐力的弱者，待在他们原来的位置才是最恰当的。

然而，当西方领先的卫生设施进入中国后，中国人体质内的顽强因子，一定会随着生活条件的逐渐改善以及残酷的优胜劣汰的结束，而从人们的身体里渐渐消失。当然，这必须在人们使用过西方的先进设备的基础上，对科技能解放人的身心有了更加感性的认识后，才能从根本上发生改变，这将会是一个十分漫长的过程，兴许需要好几代人的努力。比如在居家生活方面，引入排水通风设备；在医疗卫生领域方面，加强对医疗工作者的专业能力；重视食品安全和饮用水的干净；增加公共休闲场所，鼓励人们到户外进行体育锻炼等。此外，西方劳力市场也应该为中国人多开方便之门，以此增加中国人的收入，提高他们的生活水平。

第三章　从容、稳重的民族气质

对外界事物反应灵敏是所有新兴民族的共同特征，这些历史不长的民族很难能在第一时间准确地找到前进的目标，他们在遇到外在刺激时，总是条件反射般地鲁莽行事，似乎不经历一阵混乱，就无法真正探寻到民族发展的方向。因此，要认识这些新兴民族，甚至对其前景做出预测并不困难，只要参照他们简单的经历，找出他们发展的内在动力即可。和新兴民族的冲动完全不同，历史悠久的民族在前进的过程中，则会表现出一种稳重、从容的气质。他们历经磨难，经历丰富，因此总能够沉着地应对外界的刺激，并合理地调整行进的节奏和步伐。历史的车轮每前进一步，他们就会及时地将来自各方面的刺激吸纳、升华，最后演变成一种民族独有的坚不可摧的精神力量，即民族意志力。这种力量，正是这些民族前进的动力。依靠这种精神力量，他们制定了清晰的发展目标，因此，他们的任何行为，都是有据可依的，他们在做出任何决定之前，都要经过一番慎重的考虑，并向正反双方征求意见，毫无计划的冲动行为绝不可能发生在这些民族身上。正因为心中怀有信仰，他们的激情并不像谷草一样，极易点燃却很快熄灭，而是和烧化钢铁的烈火那样，持续时间长又非常稳定。他们行事风格平稳、保守，品行稳重，有始有终。随着时间的推移，这种品行会逐渐成为一种行为规范，当社会组织形式日益繁复，社会的发展进入一个科技高度发达的阶段时，这种行为规范就会显得尤为重要。当人们的行为受到了规范的约束，他们在做出决定前，必然会经过一个慎重思考的过程，长期的思维锻炼，使人们的思想更为成熟、稳重，因此，人们便能做出更为理智的决定。

我们的民族特性里有许多不尽如人意之处，比如情感比较单一，处事太过刻板，对美好事物反应迟钝等。南欧人的情况则和我们完全相反。具备上述品行的盎格鲁—撒克逊人，能和我们形成互补。中国人的品行和盎格鲁—撒克逊人差不多，他们即稳重又可靠，自控力极强，从不会冲动行事，善于在等待中把握时机。尽管在行动之前，他们惰性十足，但只要一开始做事，他们就能始终保持高度的热情，仿佛拥有无穷的动力。虽然他们在做出承诺前，总会考虑再三，不过一旦答应别人的事情，他们一定会竭力完成，非常讲信用。他们会坚持自己的立场，但是他们并不是顽固不化之辈，只要证实确有其事，他们就会客观地纠正自己的观点。如果要从西方世界里找出一些人来和他们的语言风格相比较，我想，既不是法国人甘比达（Gambetta），也不是英国人奥康内尔（O’Connell）——十九世纪英国宪章运动的领军人物，最相似的应该是分别生活在十八世纪和十九世纪的两位英国政治家皮特（Pitt）和布来特（Bright）。由于大多数人自杀的初衷极其相似，所以自杀这种行为在中国人看来，并不莽撞。在中国，一些爱国者在向国家表示效忠时，往往就会选择自杀。面对那些位高权重的叛国者，爱国者不会擅自行动去结束叛徒的性命，而是去君主面前毫不避讳地揭发他们的罪行，之后便以身殉国。中国人具有极强的凝聚力，这股力量促使他们在个人情感千差万别的情况下，依然向着一个共同的目标——为国家发展而努力，所以他们总能在行动上保持同步。一九零九年召开的第一届省议会就极好地反应了这一点。令人大为惊叹的还有中国人非凡的自控力和恰到好处的行为礼仪。

中国人在与人交往时，表现出了他们谨慎、慎重的一面，曾有一位绅士在夏威夷做过一些关于人寿保险的调查，他发现在是否购买保险这件事情上，如果将那里的中国人和日本人的行为进行对比，就能非常明显地看出中国人的这一特点。日本人很容易对人产生信任，打个比方，如果某个日本人从他人口中得知，自己的某位朋友购买了人寿保险，他便会不假思索地掏钱订下一份，保单金额还不少。下完订单后，这个日本人会很快把这件事抛到九霄云外，恐怕要在一个月后收到来自纽约的保险单，他才会想起。他需要再向保险公司支付另一笔钱，才能拿到保险单，没办法，这是保险公司的规定，他会毫无怨言地照办。但是，如果这样的事发生在中国人身上，进展就不会像日本人这么“顺利”了。

轻率行事不是中国人的风格，他绝对不会轻信旁人的言论，更不会当场做出决定，他只会拿走一份人寿保险的样单，等回到家里后，再慢慢琢磨要不要购买这种保险。至于先让保险公司预支款项，再领保险单的做法，已经预定了保险的中国人根本不会理睬，他的想法是，一样值钱的东西都没拿到手，却要提前交钱，太冒险了。中国人就是这样谨慎，哪怕领了保险单，也不会将紧绷的心放松下来，他写好收据，回家后再将正式的保险单和样单，每条每款一字一句地挨个核对，其细致程度甚至连标点符号也不放过。如果不能确保两者完全一致，他们是不会交纳保险费的。但请不要误会，我之所以大费笔墨地叙述中国人的这些状况，并无意以此破坏日本人的形象，仅仅为了论证中国人处事稳重、谨慎这一特征。事实上，日本人聪明、睿智的形象广为人知，并不会因为这样一些言论而受到影响。

中国人是保守的，不过，这种保守绝不能和落后民族的保守性相提并论，当然，如果只是把它看作人们内在情感的外在表达也不够全面。中国人的保守性，是中华民族在前进的过程中，经由历史选择、发酵、沉淀而生的自然产物。所以，它形成的原因既不是在面对新兴事物或未知状况时的畏惧心理，也不和宗教一样虔诚地依赖现代社会里的那些思想体系有关。如果中国人的思想体系得到更新，他们的行为必然会随之产生改变。如果他们能获得一套全新的哲学理论，并将其吸收、消化，他们就能在对历史的质疑和对未来的期望中，信心十足地大踏步前进，他们所能取得的成绩一定像现在的德国人一样多。

马丁博士，一名经验丰富的传教士，他在中国工作的时间已经超过半个世纪。在他看来，中国人非凡的创造力，只存在于中华民族刚刚进入文明社会的那个时期，到了当代，就消失了。他将这种现象产生的原因归结于中国畸形的教育制度，即科举制度。在这种灌输式的教育方法下，为了应付科举考试，中国人忙于背诵一些艰涩的语言，原本用来发挥想象力和创造力的时间和精力就变得所剩无几。不过，这种说法，我们不赞同，我们觉得导致中国人创造力减弱、智慧被遏制的，并不是教育上出了问题，而是人们的社会意识。

不难发现，中国文化在发展到一定阶段后，就出现了原地踏步的情况：他们作画不讲究手法；作曲或演奏音乐时，也从不关心是否曲调和谐；说话时，语句间很少用到关联词和关系代词；而汉字完全就是一种象形文字，就和古巴比伦文字和埃及文字差不多。一些革新社会的先进思想，极难撼动中国人意识里根深蒂固的保守观念。毕竟，这些观念的形成经历了上百年甚至上千年的时间。现在的中国人对古代圣贤有一种近乎盲目的崇拜，认为他们才是智慧的真正拥有者，而自己则对这个世界一无所知。在这样的自我认识下，现代中国人极少会主动地去挖掘自身潜在的创造力，如果想看到他们爆发出从未有过的创造力，其难度不亚于指望在十月份看到开花的苹果树。在保守思想盛行的大环境下，具备新观念的思想家要提出一种新思想，不得不冲破层层重压，但保守力量太过强大，他们总是无功而返。总而言之，在现代中国社会，早已看不到中华民族发展初期的充满活力和创造力的状态，而是笼罩在一种压抑和沉闷的氛围里。事实上，中国许多影响世界文明进程的伟大发明都是在那个时期诞生的，比如火药、指南针、活字印刷、瓷器、多舱船等，每一样发明无不反映了中国人在那个时代强大的创造力和杰出的智慧。

到了现代，由于受到一些类似宗教的观念束缚，中国人的思想变得越来越僵硬和固化，形成了一种止步不前的局面，由此可见，社会的发展并不是导致这种现象的主要原因。人们从未对那些观念产生过质疑，因为他们发现，在运用这些观念来指导生产实践时，总是成效显著。在中国这样一个高人口密度的国家，社会秩序的稳定，百姓人身安全和幸福感的充分保障，在很大程度上要归功于这些观念的引导。随着时间的推移，它们对国家的影响力越来越大，由于从来没有出现过能对其形成威胁的思想体系，它们逐渐占据了统治地位，并把触角伸向了东亚，使许多东亚国家也受到了中国文化的影响。但是外国文化却很难入侵中国，在中国流行过一段时间的天主教就是很好的例子，它最终的命运就是被时间淹没。在开封府，犹太人被当地文化同化，不再使用本民族的语言，甚至改变了宗教信仰，要不是他们还长着一张洋人的脸，谁都会把他们当成中国人。中国的统治者满洲人也不例外，本民族的语言和文学也早已被他们抛弃。“中国就像大海一样，任何一样东西流入其中，都会沾上咸味。”我想，这句话很好地概括了中国文化极强的同化力。不过到了现代，情况发生了改变。中国社会出现了一部分致力于改进中国文化的改良派，但他们的行为遭到了文化保守派的极力反对。保守派们以中国文化的同化力为豪，认为改良派的行为愚昧无知，狂妄自大。当然，我能理解保守派对中国文化的保守态度。

几百年来，中国人一直在世界文化的中心地带占据着一席之地。也许，至今起五百年后，我们的子孙像中国人一样，拥有这样的地位，好比太阳是太阳系的中心，他们也站在世界文化体系的中心。那个时代必然是这样的：科学研究对经济增长的作用不再突出，按照经济规律，土地报酬递减的现象浮出水面；实验室的辉煌早已成为过去，新发现对于中国人来说，根本不足挂齿；人们对那些即将在科学研讨会上讨论的话题兴趣索然，这和他们对十七世纪在基督教促进会上的论题的态度如出一辙；在我们的年代，每一个科学真理的发现都令人振奋，比如发现放射现象、自然选择规律、突变理论，洞悉了病菌产生的原因以及精神领域的可暗示性。但到那时，在后辈精英人才的记忆里，这些将不会存在。他们对于科学的认知全面而深刻，牢固而难以撼动，这使他们对外界刺激的反应灵敏度不够，但或许这些智慧非凡的白种人，并没有失去之前的智慧光芒，要想重新点燃他们的热情，促使他们创造出新成绩，唯一的方式，只有让他们和火星人打打交道。

现在，中国人的创造力确实乏善可陈，这一点透过在中西方文化交流时，中国人表现出来的思想保守性便可略知一二，但是，如果仅仅因此就认为黄种人是有缺陷的，便显得不够慎重。现在的中国，旧有文化正在逐渐被瓦解，人们的传统文化和集体观随之消散，在不久的将来，必定会出现越来越多的能人志士，他们将在各自的领域取得非凡的成就。生活在马来西亚的华人早已很好地证实了这一点，在当地，他们享有和白种人一样的礼遇。一些持客观态度的白人也对他们的创造力和做事能力，表示认可。他们之所以能有此成就，和他们远离祖国压抑的气氛和社会组织有很大的关系。一些工程学专家预言，只用不到二十年或四十年的时间，如果中国青年接受了和西方青年同等水平的工程学类专业的教育，并顺利完成了学习，他们所具备的就业竞争力足以击败那些在中国拿着丰厚报酬，有着丰富工程技术工作经验的白人专家。如今，在中国，极具经商头脑的上海人，也在沿海的商业领域崭露头角，和外国人同台竞技。据说，他们精明干练，很快便在许多洋人长年垄断的行业里快速地成长，并形成了自己的影响力。那些曾经让白种人获得巨额利润的行业包括银行业、航运、棉花贸易等，而现在，上海商人已经进入这些市场，威胁着白种人的利益。在一些人看来，在中国沿海经商的白人商人，早晚会遭遇他们在日本经商时的命运，那就是，被本地商人排挤出来。

中国人和西方人的智力有没有高低之分呢？为了调查这个问题，我先后请教了四十三个人，他们都是一些对中国人思想具备充分了解的老师、传教士和外交官。结果，三十八个人表示：在智力方面，中国人和西方人完全相同。其中，令我印象最深也最为吃惊的回答来自一位见多识广的汉学家，他曾经担任过使馆顾问、大学校长以及传教士，他说："在我们当中，大部分人已经在中国待了超过二十五年，我们逐渐发现，白种人的发展是不正常的，类似动物，真正的正常人其实是黄种人。"有人进一步指出，如果将普通百姓和上流社会的人的智力作比较，将来，中国的这一智力差比西方国家的更大。尽管如此，这些人一致认为，只要中国人能学习西方的科学艺术，积极更新知识，中西方人的智力不存在差异。

如果想让那些久居中国的白人，做些为本国政府谋利的事，几乎不可能，因为他们的思想观念早已变得和中国人的差不多。罗伯特·哈特博士（Sir Robert. Hart）就是这样的典型，有人为此不满，说他就像一个正宗的中国人。据说，绝大多数驻华领事馆的官员们，也有被中国文化同化的迹象，在同一问题上，他们更倾向于接受中国人的观点，而对西方人的观点给予否认。一些综合素质优良的中国人，向这些官员们展现了他们优于西方人的地方：全面看问题，心胸宽广，遇事从容、豁达，承受力强，这正是令轻率、冒进的西方人最觉羞愧的地方。

或许，下面的分析能够阐明什么才是起决定作用的因素：

哥伦布发现美洲大陆，开辟新航线后，西欧和东欧白人纷纷到海外拓展新的殖民地，西北亚和北亚被划入东欧人的势力范围，而西欧人则在西印度群岛、南亚、美洲、澳洲、非洲的海岛等地区分得了一杯羹。他们每到一个地方，便用武力和原住民进行对抗，在整个殖民地扩张期间，他们碰到过上百个前所未闻的民族，但是那些民族的斗争总是以失败告终。在随后的两三百年里，他们发现，从这些民族身上找不到任何能对西方文明的进步有所帮助的地方，相反，这些民族倒是急需从西方的政治和工业化成果上汲取营养。因此，白人便把自己看作地球的领袖，认为世上没有一个民族能与之抗衡。然而，当接触到东亚地区的民族以后，他们开始为其殖民地的统治感到担忧。因为，那些民族的能力和白人不相上下，完全具备和白人争夺殖民地的实力。种种迹象表明，在未来，白种人独揽天下的局面将不复存在，白种人和黄种人将共同对世界先进文明作出贡献，并共同统领整个世界。

在中国，那些怀有民族同情心的白种人，都和中国人交上了朋友。他们能真诚地，毫无偏见地，在中国人身上找寻到中华民族的闪光点。在白种人的眼里，中国人和日本人是截然不同的。他们欣赏日本人的温文尔雅、柔和细腻以及精巧的艺术。而中国人的可爱之处，则是需要一定时日来慢慢发现，和他们待在一起的时间越长，随着了解的加深，对他们的好感也会越来越强。不过，总有一些心胸狭窄、性格偏执的白人看不到中国人的这一面，他们总是肆无忌惮地对其进行诋毁和侮辱。

事实上，中国人绝不会让人产生厌恶感，也不会使人心情变坏。他们十分友好，总会对你的笑容报以充满善意的眼光，使你能在这种无言的交流中，感受到一份认同和理解。此外，他们也十分幽默。一个外国游客曾经在大街上和几个无赖的人发生了纠缠，他一把抓起其中一个人的长辫子，顺手用鞭子将其绑在门柱上，就走了。当时在现场看热闹的中国人，个个笑得前俯后仰。此外，中国人的幽默也无不反映他天性中的善良。有一个外国人，由于长得太高，他每次和矮个子村民站在一块时，总是习惯性地将手臂搁在村民的头上，看到他们一高一低的鲜明对比，周围的人总是忍不住发笑，从没有显露出半点不悦之色。

中国也不乏暴民，不过他们所制造的暴乱，和中世纪白人暴民的犯罪行径的残酷度相比，相差甚远。我们的先辈曾经历过这样的阶段：社会上巫术和宗教迫害横行，狂舞病和信徒自我体罚盛行。中国的普通民众的思想现状与其差不多，他们相信迷信，愚昧无知，思想落后。不过，值得称赞的是，虽然很多中国人读书不多，有些人甚至目不识丁，但他们从来都很有骨气，从不向人摇尾乞怜，此外，他们还喜欢一切美好的东西。当中国人在路上遇到一位陌生的外国游客打着手势咨询时，从不会因为觉得对方孤陋寡闻，或者动作不够雅观，而对其不理不睬。

中国人重视家庭，“家有一老如有一宝”的观点，充分体现了他们敬老爱老的习俗。尽管如此，妇女晚年生活的幸福度远低于男性，妇女在年老以后，既要忍受裹脚产生的痛苦，也很难拥有内心的宁静，由于过了大半辈子任劳任怨的生活，她们情绪多变、脾气暴躁。此外，丈夫丧命，妇女不得改嫁的婚嫁风俗，更加重了妇女们郁郁寡欢的状况。在中国，几乎所有乡村都有这样一些孤独终生的寡妇。所以，在跟那些老年妇女打交道时，需要透过她们的和蔼和平和的表象深入了解，才能看到她们真正的内心。但在中国老年农民的脸上，我头一回看到了真正的平静、从容、慈爱和尊贵。他们能拥有这样的心境，一方面源自他们坦荡无私的心胸，总是怀着一颗为他人着想的博爱之心；另一方面则是因为他们不用为日常开支费心劳神，按照中国人的习俗，子女有赡养父母的义务。所以，他们看起来容光焕发，眼神安定，这份轻松自在在美国老农民那里是十分罕见的。

中国人的核心价值观是大家庭主义，而西方社会推崇个人主义，在通常情况下，前者在促进个体发展和社会进步方面所起的作用远不及后者。我们西方人最大限度地享受着自由，可以随心所欲地按照自己的意愿行事，家里人绝对不会冲出来横加阻拦。此外，西方并没有一人犯罪，其所有亲戚都要和他一起承担连带责任的法律，相反，犯罪人只需要独自担负法律责任。想到这些，我觉得十分庆幸。不过，在对父母尽义务方面，我觉得西方成年子女的表现确实有待改进。在西方，老人们常有一种被遗弃感，他们认为自己是多余的，拖累了他人和社会，惆怅和凄凉的负面情绪总是占据着老人们的内心。但在中国，大多数老人在大家庭里安享晚年，尽享天伦之乐，晚年生活是宁静而幸福的。在中国人传统的家庭道德观里，有这样不成文的规则：父母享有诸多家长的权力，子女也有许多需要履行的义务。对于老人来说，手中的权力不仅能让他们生活得更加幸福、愉快，更是他们求得生存的保障，特别是碰到艰苦的日子，这显得尤为重要。对于子女来说，在国泰民安、收成良好的年头，尽义务不是难事，但也有遇到困难，难熬的时候。虽然喜忧参半，但总的来说，在给长辈带去一个幸福的晚年生活的同时，他们的内心也会因此而获得愉悦感，这时，他们会觉得一切付出都是值得的。和中国人做比较，我们很容易看出自身家庭道德观里那些需要改善的问题。

如果仅仅因为黄种人有足够强的能力，便把他们看作能在未来世界产生巨大影响的关键人物，就显得有些鲁莽了。一些中国知识分子曾经去西方留学或者旅行，企图在那里找到治国富国的良方。但由于太过理想主义和主观，他们还没有弄明白西方国家强盛的真正原因，就开始武断地对中国的发展做出展望：只要将西方的科学、法律制度统统引入中国，中国人很快就能达到和现代西方人一样的财富水平、能力水平以及智慧水平。事实上，即便中国能在硬件上迅速和西方接轨，比如在全体民众共同倡导除旧立新的大环境下，使许多来自西方的先进事物涌入中国。但软件的彻底更新，却不能一蹴而就，个人主义者要像西方人一样，具备高效的执行力，需要时间的磨炼；美国人、西欧人享乐主义的价值观以及社会政治等领域的价值观的形成，同样需要时间。所以，在我们看来，底子不够好是中国发展的桎梏。打造西方国家那样的发展基础，难度并没有想象中那么大。我们国家人少，商机多，在此基础上，社会得到蓬勃发展，不过，其发展根本原因是国家制度和法律。因此，我们也认为造成中国社会贫困、落后的原因即中国的社会制度和华夏文明。但真正限制中国发展的是庞大的人口超过了土地所能承载的范围。

假如上述观点符合事实，那么，中国要想达到和西方国家一样的发展水平，实现国家的繁荣、富强，一定要先从以下两个方面着手努力。

一是加强经济建设，扩宽就业渠道：在基础建设方面，增建铁路促进交通运输、开展水利工程便利农田灌溉，在荒山植树造林恢复生态；在工业领域，则要建工厂，并使其机械化，发展矿业、石油开采业以及发掘水能在工业上的运用；在农业方面，进行家禽养殖，引入品种优良的农作物，在农业生产过程中，推广科学种植。

二是控制人口的高增长率。假如不能控制人口数量，那么在上述经济建设中所做的种种努力都会成为无用功，新增人口会将经济发展带来的社会效益快速消耗掉，即便当经济发展水平和西方国家相差无几的时候，但由于人口太多，中国人的人均财富依然少得可怜，人们的生活水平得不到任何实质性的改善。唯一改变的是人口数目变得更加庞大，不变的是人们的贫困、无知和艰苦。

想要彻底改变这个恶性循环，就必须制定出行之有效的制度来降低人口的高增长率，这些制度要减弱人们家庭主义的观念，培养个人意识。比如，摒弃敬祖的习俗，取消家族制；提高女性的地位，使她们学会用知识武装自己的头脑；鼓励晚婚，禁止使用童工，普及义务教育等。上述各项措施的实施和生效都需要经历时间的考验。如果中国能幸运地进入一个持续、稳定的发展阶段，并且在这个前进的过程中，不受到任何内乱、外族侵略、历史反动的干扰，不出两代人，中国民众的生活质量就能提高到和美国人差不多的水平。

第四章　生存是个重要问题

当代中国的社会现状十分独特，这在中世纪以后的西方看不到，也绝不会在未来的世界再次出现。几百年来，中国人固守在祖辈生活过的土地上繁衍生息，于是，其他国家的人便对中国人有了这样一个印象：他们并没把耕种放在心上，也从未考虑过和辉煌的文明挥手告别，而是向野蛮主义时代进发。他们宁愿在原地不动，直到生死相等，社会发展陷入停滞不前的境地。但在美国，人们会把握一切机会，他们在广袤无垠的自由地带开拓新生活，为社会进步作贡献；他们总是心情愉悦，充满激情。所以，在美国人看来，如果一个民族长时间向同一环境索要口粮，这个民族的社会现状以及生活状态就会出现异常。

为了满足自己并不太高的需求，中国人对自然资源肆无忌惮地侵占和索取，这就是他们最突出的生活现状。迷信成了中国人矿产开采业前进道路上的绊脚石，一般，将近百分之十，甚至百分之二十的耕地都被用作先辈的墓地。不过，其他土地却被人们竭尽所能地使用，好像除了这些土地再也找不到耕地一样：道路边的空地都被充分利用；稻田间的道路，路面窄小到只有一到三步的距离，只能供人行走。即便如此，农民们仍不满足，他们在路两边的土地也种上作物，致使重压下的路基变形后，可怜巴巴地歪倒在稻田里。显而易见，耕地在中国人的生活里占据着十分重要的地位，因此他们绝不会把珍贵的土地专门用来种植牧草，建立牧场。那些适合牧草生长的土地，都成了玉米地，即便在陡峭的山坡上，草也极其罕见，觅食的山羊总是失望而归。我们常常能在道路两边、水沟边以及稻田的田埂间，看到被老奶奶带出来吃草的水牛和奶牛，其他地方根本没有野草可吃。

令游客震惊不已的还有旅店的环境，店内始终是脏兮兮的，空气中散发着一股臭烘烘的味道，虱子也到处都是。虽然游客早就听人说，帐篷在这里很难派上用场，因为没有一块地是干净的，但他们依然持怀疑态度，直到走遍了大半个中国，他才不得不相信这个事实。因为他发现，在中国，要想找到一块草坪、一片树林、一个果园，或者一块空地、通路比登天还难，哪怕一个庭院，一个牛棚在这里也极其少见。不过，他如果要坚持使用帐篷，倒是可以花点银两，在庄稼地里安营扎寨，通常是一些水田、大豆地或者红薯地。

如果从人们对土地的利用方式来看，中国确实成了一个“花园”的国度。看不到几块完整的石头，杂草也没有生存的空间，唯独农作物得到了特殊优待，人们打理它的细心程度就像是在照顾一个婴孩。通常，新作物早在成熟作物还未收割的时候，就种在了它们之间，土地没有闲置的时候。事实上，“花园”这个原本应该让人联想到美和快乐的词，在中国完全变了味。无论哪个乡村，土地几乎没有一块是用来休闲、娱乐的，连一个纳凉的地都看不到，更别说公园。也没有绿地、草坪、鲜花这类使环境更加美好的装饰。至于树木，最多能在庙宇附近看到一些，其余的则是拿来备用的，和美化环境毫无关系。

在中国内地一些有钱人家里，是可以看到一些修建得很精美的花园的，院子里植物爬满假山，开满荷花的池塘边柳枝低垂、翠竹也绿意盎然。只不过，由于有钱人少得可怜，我估计在两千户人家里，最多能找到一个这样的花园。此外，令人惊讶的还有罕见的果树，比如桔树和葡萄树。在乡村集市上，蔬菜倒是堆积如山，但水果却只有那么区区几篮。中国人在饮食方面的需求相当低，只要保障生存的口粮足够充足，他们就不再有其他奢求了。正因为他们对粮食的需求更为迫切，所以土地大多都用来种植农作物，比如大豆、麦子、水稻、大葱等，商业用地少之又少。

在乡村，可以看到依山而建的梯田，它们沿着陡峭的山坡层层向上分布，就像为巨人建造的台阶。其中一个山坡上的梯田，数量竟达到四十七块。很显然，人们这样创造性地发明梯田是为了获得更多的耕地。在距离梯田五百英尺的地方，溪水缓缓地流淌着，不过，一旦遇到倾盆大雨，溪水暴涨，洪水从山上奔泻而下，上百亩的宝石般珍贵的水稻田将会遭到无情的冲刷。有一些大山，因为地表多岩石，棕色土层较薄，并不适合改造成梯田，人们就依照它们天然而成的地势，在上面种植麦子和玉米。耕作方式有两种：牛耕或者使用锄头。依照标准，这类农田都呈四十五度角倾斜，但如果以水平视角观察，所有土地的倾斜度仅有四十度。农民们住在比水平视线高出半英里的山顶木屋里，四周树木繁茂，山下散布着光秃秃的黑色岩石，然而，岩石之间的土地仍然被农民们利用起来，他们离开山顶的家，沿着陡峭的山坡往下攀爬，把这些土地变成了块块耕地。但由于地表缺少植被的覆盖，当洪水来袭时，大量的泥沙便会被冲下山坡，堆积在山谷里，造成十分严重的后果。以黑龙江、汉水、珠江为例，它们下游一千英里的江水原本是翠绿色的，但现在却成了黄褐色或者蓝灰色。那些经过长时间才形成的富含有机物质的营养土就这样白白流失，进入江河后，它们成为毫无用处的东西，留给山坡的却是贫瘠和灾难。有个山区便遇到了如此严重的打击，光秃秃的山顶上没有泥土，沙砾石吞没了曾经肥沃的山谷地，环境的剧变导致人口急剧减少，现在每四万平方英里才一户人！这样的状况实在让人不寒而栗！

在中国西部山区，一条长达七千英尺的通道蜿蜒其间，只有在这里，那些致力于调查人与生存环境作斗争的人们，才能看到更加宏伟壮丽的景观。西部江河众多，有汉水、渭河以及以“四河之省”——扬名海内外的四川境内的各条河流。在洛河山谷地带，人们绕开陡峭的山崖和岩石，将山坡上所有能种庄稼的土地全部辟为耕地，低至山谷，高至五千英尺的山巅，看不到一寸被浪费的土地。不过，由于山脉地势起伏大，山脚到山顶的气候变化明显，人们便在不同的自然带种植与其相适应的农作物，山脚种蔬菜，往上依次种玉米、小麦。每当山顶长出一片绿油油的小麦时，远远看去，就像戴了一顶绿色的帽子。

山地的表面，有的彼此平行，有的互相重叠，有的褶曲舒缓，使那些直入云端的耕地看起来凌乱不堪，耕地之间的界限要么极其突兀地向外伸展，要么就是往里画一道大大的曲线，看上去充满诗情画意。和这片广袤无垠的圆形土地形成鲜明对比的，是仅有的两户山里人家。人们在黄蓝色的山坡上凿山而居，洞口呈圆拱形，洞内比较干燥，这样的窑洞紧密相连，举目眺望，像极了一排黑色的地鼠洞。

为了能在更高的山坡上种植作物，农民们不得不付出艰辛的努力，从窑洞出发后，他们往往要沿着斜坡往上攀爬几千英尺。这实际上是人们把繁重的人口压力向自然环境转移的表现。由于人口过多，人们对耕地的需求与日俱增，当山谷地带的耕地无法满足这一需求时，人们便把视线投向山坡，随后逐步向山顶进军。每到六月，当人们看到满山坡的绿色海洋时，会有一种心旷神怡的感觉，并感叹自然之美，但倘若一想到这是人们在紧迫的生存压力下，不得已而为之的“奇迹”，又不禁眉头紧皱。

水稻的种植条件十分苛刻，在生长季节必须将它们一直浸在一层浅水中，为了不让这层浅水流失，不仅要求秧田是水平的，还必须在稻田周围修筑一圈低矮的堤。所以，为了将水引入稻田，农民便在温暖的季节聚集在一起，合力挖掘引水渠。至于劳动力的投入量，我持质疑的态度。有一座山，十分粗犷，农民们经过辛勤的耕耘，硬是让这座山一面的深 V 型岩石峡谷彻底改头换面。在陡峭的悬崖下方，人们将大量的泥沙运往谷底并填充其间，然后在那里修建起阶梯式的梯田。这些梯田宽约二十公尺，上下两块梯田的距离达到一人高。引水渠十分低矮（能看到站在里边的小孩），沿着水渠，可以看到许多小洞口，那些和小孩手指一般粗细的水流，就是从这里流向桌布般大小的稻田！有一块稻田，是人们根据地势开垦出来的，它形同玩具，面积和一块桌布差不了多少，即便如此，农民们却在这里种了十九窝水稻！每窝水稻相距仅八英寸！

农民日复一日、年复一年地在农田里耕作，使土壤的肥力得到了保持。在甘肃，粮食产量低，农民修筑了一种矩形的定形盆地，这种盆地有利于排除农田多余的地表水和地下水，比如泉水。泉水里面夹杂了一些来自农田的富含有机质的腐殖土，农民将它们提取出来，重新在耕地使用。池塘里的有机物质，也免不了随着溢出的池水流失掉，农民就在主沟周边开凿了与其相连的若干沟渠，将有机质拦截起来，再回收利用。生活在华北黄土地区的农民，干脆就在田地里挖一个土坑，在坑内积攒肥料，然后将其施入黄土地中。

中国的城市对沟渠的需求并不大，所以人们极少在城市里看到沟渠。在乡村，人们总是赶在天未透亮之前，就将船沿着运河开往城市。而当洋人慢悠悠地享用完早上的咖啡时，他们早已在水沟里忙碌起来，水沟里那些被洋人丢掉的东西，正是他们要寻找的宝贝——肥料。用城市清道夫来形容他们，再合适不过了。雨天过后，地面的坑洞、沟道里积满了黑色的污泥，他们就用水勺将这些污泥舀进水桶里，即便是阴沟里那些脏兮兮的东西，他们也会取走。除此之外，农民们还会带着篮子守在大路的两边，等待着经过的马车掉点什么下来。所以即使在一天当中，大路上有两百辆马车来来往往，它也能和公园小路一样保持着干净整洁。

对于自然资源，人类总是竭尽全力地加以利用，哪怕是再微小的东西也不放过。在海洋里，人们找到了许多可以食用的东西，使海菜成为餐桌上重要的食物，其中甚至包括手指般大小的贝类，它们被发现后，便源源不断地运往内陆。真菌也可以吃，下雨天是它生长的大好时机，在草地上往往可以发现很多。而红薯是穷人的主食。路边水沟里的小鱼，只有手指一样大小，人们照吃不误，即使要掏干水沟才能找它们，也丝毫不嫌麻烦。草莓总是在还未熟透时，便被人们从山谷里采摘下来，成筐地拿到市场卖。野草和树枝也难逃被割、被折的命运，那些用竹竿当拐杖，在户外寻找柴火的老人，就是它们的“天敌”。稻子和麦子的茎干可以用来当柴烧，是做饭时的必备之物，于是在收割季节，农民的镰刀总是紧挨地面将它们从根端割下，不会有一点儿的浪费。落叶总是被用心的孩子们捡起来。无论是烂掉的树干还是圆木，都会被人们利用起来。为了烧制砖瓦和陶器，人们会不辞辛劳地走上几英里的路，去寻找干草。而树木被砍光了以后，那些又远又难爬的山岗上的树根便成了人们新的目标，那里的植被已经遭到了严重的破坏，如果树根尚存，兴许还有恢复的机会，但人们却将树根挖光，对于山岗来说，无疑又被脱了一层皮。某个险峻的山顶生长着松树，景色迷人，一个外国人向一个四川人问道：“是否觉得那里很美？”四川人说：“从来不觉得，要是山顶又高又峻峭，妨碍了我们上山砍树，哪还有心思去留意它美不美。”这下，外国人弄明白了一件事情：为何在西安、太原两地，当地火柴厂和外国火柴厂的木柴产量悬殊那么大，前者大约只有后者的 30%。

中国的烹饪技术在世界上是非同寻常的，不过，在物质匮乏的年代，普通百姓只关心吃的东西能否饱腹，而完全不会考虑自己的口味偏好。比如，人们吃蚕吐丝结茧后留下的蚕蛹；干不了活的牲畜都会被宰杀食用，像马、骡子、驴、骆驼、牛、猪等自然死亡之后，绝不会被遗弃。有位传教士一直都把死掉的小牛交给自己的厨师去安置，但此后他的小牛便频频夭折，于是，他把死牛放在碳酸水里浸泡后，再交给厨师，小牛死亡的现象随即就消失了。在广东的市场上可以看到卖老鼠和猫的。在洋厨师丢掉的厨余垃圾里，船夫也能找到吃的，有家禽的头、爪子和内脏，只进行了简单清洗后就下了肚。香港总督曾计划在香港开办制革厂，为此特意对本地猪皮的去向做了一次调研，结果发现，人们把猪皮做成一种“船上食品”进行销售。之前，香港九龙的村民染上了一种叫疥藓的传染病，这位总督便命人将染上传染疾病的狗消灭干净，但他很快发现，作为一名英国殖民地的总督，实在不该有此决策，因为即将遭到“屠杀”的是村民们的“口粮”。

在丰收季节，田里的庄稼一定会被农民收割殆尽，连剩下的短桩也会被寡妇和孩子连根拽走。哪怕一天的收获只有一把是勉强填饱肚子的麦穗，他们也会很知足。为了生存，人们想尽一切办法。在香港，衣衫褴褛的妇女们背着婴儿，挤在水路的两边，等着苦力在把货物运往大帆船的途中，掉下来一些有用的东西。一些人则守候在运粮车经过的地方，一看到袋子里有大豆、大米掉出来，他们就拿着刷子和篮子去捡。几十名妇女在打包粗糖的码头忙得不亦乐乎，卸糖的地方有六十个，搬运工的身后也有一大群，他们个个都在虎视眈眈地盯着可能会掉出糖来的口袋。搬运工们光着脚扛着糖袋，在驳船与包装点之间忙了两个小时，一路上灰尘扑扑，搬完最后一袋糖之后，妇女们便马上涌了上来，一会儿工夫，掉在地上的糖粒，甚至尘土都被她们清理得干干净净。

不过我听说，比起捡落物，人们更乐于直接去偷。夜晚成了京汉铁路失窃的高峰时段，人们丢掉的螺丝钉和盘子数目惊人，一年下来，盘子至少不见了一万个，而螺丝钉，平均每个月就有六万个被盗！它们会被做成各种工具，比如剃须刀、剪刀、锄头、犁铧。铁路厨师也会做一些小偷小盗的事情，他们会想法子留一些肉汤，卖给窗外的流动商贩。此外，他还会打那些用来款待客人的茶叶的主意，为了掩人耳目，他每次只拿一点，等攒到价值一英镑时，他就把它们卖出去。

为了摆脱饥饿的困扰，就算薪水再微不足道，也能让这些人们全力投入，以付出生命为代价。从沿街的各类手工作坊不难看出，当代中国还停留在手工业经济的时期。工匠的类别很多，有铁匠、铜匠、银匠、木匠，还有雕刻象牙、琥珀、乌龟壳、玛瑙和玉等的雕刻匠，以及用亚麻、棉花、丝等做编织活的编织匠，此外，还有做藤杖、羽毛、石蜡和漆的工匠。工匠们长年累月地在自己的作坊里，辛勤地制作手工品。而在工业机械化的美国，工资计件，工人们会共同协作劳动提高生产效率，这些都极大地提高了工人的热情。而相比之下，中国工匠们的内在动力有限，压力之下的焦虑情绪十分明显。

此外，人们有目共睹的是，一些从事特种行业的劳动者，其生命健康也正在受到威胁。西江踏车匠明显地感觉到，在对轮船的后轮施加助推力的过程中，自己的寿命变短了。在中国，家具基本都是纯手工打造而成，因此，锯木匠的生命损耗非常大。大理石匠、纽扣匠、还有弹棉花的、碾米的，他们的劳动都无异于在慢性自杀。对那些从事高强度体力活的搬运工、轿夫以及黄包车夫，医生们的判决是：搬运工的寿命不会超过五十岁，而轿夫和黄包车夫一生的大部分时间都被疾病缠绕，这使轿夫最多能干八年，黄包车夫顶多能干四年。轿夫和搬运工在劳动时，肌肉会紧绷起来，这是由肌肉血液的持续回流引起的，长期如此，就会得静脉扩张和动脉瘤。此外，长期负重也会引发心脏病，在福建，一位女医生在给十多个搬运工患者看完病后发现，只有两个人没有心脏病。

广州是一个拥有几百万人口的城市，那里看不到汽车和力畜，但大街上随处可见搬运工，就算是一个大大咧咧的人也能察觉到，因为他们愁苦的形象实在是太明显了：脸上毫无血色，眼睛和下颚都往里凹陷，嘴张得很大，看上去毫无活力，这些都反映出他们早已精力衰竭，疲惫不堪。他们每天要搬一百至二百旦的重物，干活的时候，他们努力打起精神，边吹口哨边跑，样子和小狗差不多。干完活，他们就像死尸似的，低垂着脑袋，无精打采。种种迹象显示出，他们的生命活力就像动脉喷射般在逐渐消失。再过几年，他们的状况会更加糟糕：脸上爬满了皱纹，就像戴了一副硬梆梆的面具；小腿因为静脉扩张成了血红色，而小腿静脉则醒目地向外凸起，跟大绳子一般粗，看得人心惊胆颤；肩膀和脖子上长满了一种白色的厚茧。一些孩子十一二岁就开始做搬运工，如果一个八岁的孩子失学在家，也会出来干活。

这些社会现象生动地展现了挣扎在贫困线上的普通百姓是如何求生存的。铜钱是中国流通范围最广的一种货币。尽管一文钱只有一美分的五分之一，但依然无法满足中国人的需求，因为一文货币的数量太少了。所以，有些省份自创了一种矩形的小额铜币，面额等于半文铜钱。一家制作器皿的西方公司，只有根据中国市场的特点，研发出价格低廉的产品，才有可能要让自己的产品在中国市场占据一席之地。英美烟草公司推出了一种单价二美分，一包二十支的香烟。美孚石油公司成功地靠出售一种十一美分的灯和八点五美分的灯草，收获了一百万美元的利润。顺便提一下，奇妙的是，和美孚石油公司同台竞技的亚洲石油公司，却在这次竞争中败下阵来，他们设计的灯不太符合中国人的喜好。为了迎合中国人的消费习惯，商人们在安排零售商品的配额时，竟然出现了二立方英寸的豆制品、十五粒烤豆、四颗核桃、五颗板栗、二十粒甜瓜籽，份量小得惊人。卖甜瓜的摊主把甜瓜摆在两块木板做成的货摊上。肉摊的摊主用稻草将小份牛肉、鸡内脏、一条和沙丁鱼有些相似的鱼绑在一起，递给户主。如果想了解一个安徽人"靠什么谋生"，更地道的问法应该是"吃哪碗饭"。一般来说，感谢主人精心准备的美味佳肴，是宾客离开时惯常的致谢词。80% 的中国普通民众，日常生活里出现频率最高的话题便是食物，这是观察家经过细致入微的观察发现的。

食物来之不易，安逸的生活环境也同样难求。在城市，我常能在那些空气污浊、肮脏不堪的小巷子里，看到苦力头枕砖头，身披薄被，睡在一块木板上。华南某医院收到了一位美国慈善家的捐赠——一批足够全部床位使用的床垫和弹簧。谁知第二天一大早一看，这家医院的病人因为睡不惯软床，都躺在地板上过了一夜。对于他们来说，一块木板，一张草席就足够了，太好的床，他们反倒不适应。

为了求得生存，人们绞尽脑汁，想尽各种方法挣钱。据说，有人为了谋生，化身成"鸡妈妈"，利用自身的体温来孵化小鸡。一些地方的人为了捉害虫，发明了一种捕虫的圈套，它是用又细又小的竹节做成的，底部被涂抹上了一层香料，人们把套圈放在起居室，等待被香味吸引的害虫。最近，四川就出现了一种新行当：有人挨家挨户地将套圈上的害虫清理掉，再用新的香料更换旧的失去效力的香料，服务费是一美分的百分之五。

艰辛、紧迫的生存斗争，使大部分人的生活极端痛苦，"生活"对于在他们来说变得毫无意义：在一个广东西江的船夫看来，失去一个生命是无所谓的事，因为人已经够多了，所以，他无视旁人的质疑，让一个病人在岸边自生自灭；在大街上，我有时候会看到一个弯腰驼背、枯瘦如柴的麻风病人，一手拄着拐棍，一手拿着篮子，沿街乞讨，那条拥挤不堪的街道只有六英尺宽，他已经变形的身体每走一步都十分艰难，即便如此，他也只讨到了四文钱；广州有一个麻风病村，那里的麻风病患者每天能从当地政府领到二文钱的求助金，但这点钱最多能买两碗熟米饭，为了填饱肚子，他们只有出去乞讨。

有些情况糟糕的人甚至故意犯罪，就为了能到监狱里吃上一顿饭。前段时间，淋巴腺鼠疫在华南地区的一个港口猖獗起来，每到夏天，就有将近一万人死于这种疾病。一位外国海关高级专员目睹了这一切后，打算和中国官方联合起来，对那些鼠疫盛行的港口城市，实行定期隔离检疫，从而使鼠疫得到有效的遏制。但是，统治者满族人并不买账，拒绝了这位高级专员的提议，他们的理由是，要将如此之多的中国人分开隔离，并安置到新的居住点，比登天还难。于是，那位高级专员不得不放弃之前的计划。去年夏天，那座港口城市又遭遇了一次鼠疫，它如野火般席卷而来，夺走了无数人的生命，但这仍然没有使满族官员从无知中觉醒。可怕的是，对于死亡，许多人却持这样的观点：得瘟疫死得快，这比被饥饿慢慢折磨死要好得多。但是，绝对不能忽略的事实是，相比因饥饿而死，因得病而死的人要少得多。

巨大的生活压力会使任何一个遇到失败和挫折的人，彻底丧失振作起来的机会。听人说，工作上的错误或能力不足都将成为一个雇工被解雇的原因，解雇可能意味着永远失业，这时，饥饿袭来，雇工的生存就将面临着极其残酷的考验。对于美国人来说，失业并不可怕。但中国人很害怕失业，他们对此怨声载道，充满了敌对情绪，这也间接地减慢了人口的增长。因此，每个中国人都会竭尽全力地增强自己的竞争力。不过在中国，家族和汉族人的生存有着千丝万缕的联系，没有人会对一个已经和家族、行业和家庭分离的人伸出援助之手，即便他遭遇了极为惨重的失败。所以人们不会单枪匹马地出来闯荡，因为个体总是难逃破产的命运。学生们的行动通常都是一致的，无论是罢课、游行，他们都是集体出动。哪怕这样的行为在有些聪明人看来即愚昧无知又不合情理，他们也绝不会指出这一点，因为之前的经历教给他们的生存法则是："任何反对集体的言论都会给自己带来饥饿的麻烦。"明白这一点，或许就不难理解，学生的集体活动为何有如此强大的力量。

在中国人的伦理道德观里，有这样一种习俗，那就是与其费尽心思去谋求一份差事，还不如求助于那些有权势、威望高的亲属，因为从后者那里能得到更多的利益。同时，那些拥有职权便利的官员、兵工厂督办、大学行政官员，也深谙这种道德准则，许多好差事便像礼物一样从他们的手里分发出去。

无论如何都不要发生冲突，这是中国人共有的观点。因此，即便有一方是错误的，他们也会做出让步，并对那些固执己见的人加以批评，以防止纷争的发生。在中国的大环境下，他们这种息事宁人的态度是十分明智的。当一艘拥挤不堪的轮船即将沉入水中时，船上的每个人都在努力要求自己：不要去为水面上仅剩下的立足之地而争抢，而要选择默默无言地承受。

物质至上，是绝大多数中国人的生活价值观。他们在对一个陌生人做出评价时，第一反应就是考察对方的收入水平、消费水平和生活方式。在祭祀用品方面，他们极力发挥自己的聪明才智，创造了一系列纸制品替代真正值钱的东西来焚烧给死者，比如用在坟墓前烧给死者的纸钱来取代真钱。相比精神上的愉悦享受，他们更青睐于得到物质方面的好处。他们判断祭祀或祭坛是否有价值的唯一准则就是，它们能不能让人走运。比如，有一些小神龛，本来已经破旧不堪，毫不起眼，但当人们在它们面前许下的愿望得以实现之后，它们就会被加倍推崇和赞美，祈福的人还会在它们四周放些物品，以示感谢。但当人们虔诚地向神像祈求降雨后，旱情仍无缓解，人们就会毫不留情地将神像毁坏。中国人急功近利的民族特征是十分鲜明的，但对于这一点，那些和他们关系亲密的外国人始终保持着缄默。不过，在极少部分受过基督教和佛教思想洗礼的中国人身上，却也能看到一些理想主义，他们对未来心存高远的希望，脸上闪耀着不惧死亡的光芒，就像圣徒一样。当然，这些不必为吃喝发愁的极少部分人，其影响力微不足道，无法改变绝大多数中国人的思想。因为大多数人，必须要为明天的口粮而进行残酷的斗争。在这样的经济环境下，他们不得不选择物质至上。

贫苦的人们为求得生存而进行的激烈斗争，到底有没有繁荣经济，并推动了社会的发展呢？关于这个问题，一些社会学家给出了肯定的答案。但事实完全相反，因为能促使社会进步的主要因素是发明和创造，但在中国，那些挣扎在贫困线上的人们的生存竞争所产生的积极影响微乎其微，它的影响是静态的，同时还给社会发展带来了极大的压力。

中国人为什么会如此贫穷呢？如果继续套用之前的常规理论来阐释这个问题，显然是行不通的。首先，中国人的贫穷和资源匮乏无关，因为他们生活在世界公认的地大物博的地方；其次，中国人的贫穷也不是因为懒惰导致，恐怕再难找到一个民族能像中国人这样吃苦耐劳。而中国人在文化艺术等领域的造诣，无不显示出他们的创造力和智慧，这也充分说明，智力绝不会成为使他们变得富有的障碍；此外，中国人勤俭、节约，没有互相攀比的习惯，因此并不会陷入讲究排场而浪费人力物力的泥潭。当然，抽大烟以及赌博给很多中国家庭带去的毁灭性的影响是不容忽视的。但毫无疑问的是，就算中国人没有这些恶习，他们也不可能向西方人一样富裕。所以问题的根本也不在此。

那么，是否和政府的压榨、侵夺有关呢？不，政府从来没有给民众带去什么，又怎么可能从民众那里得到什么呢？中国的人口数量是美国的四倍，但即便在经济发展较好的时期，中国政府的财政预算也才达到美国的百分之二十，因此，压制根本无从谈起。制度健全是经济繁荣的必备条件，其中最基本的两条便是保障个人自由和财产安全。让人毋庸置疑的是，尽管在中国，保障工业安全的制度还没有建立起来，但地产和财产却得到了妥善的保护。

阶级剥削也不是人们贫困的原因，富有者只在城市占据了很小的比例。如果一个人走出城市，只需再步行十几天，便很难看到高层建筑、舒适的生活环境、绚丽的服装以及豪华的设备，取而代之的则是一个个乡村，它们零散独立地在广袤的土地上分布开来。在乡村，村民虽然仍然面临着残酷的生存斗争，但他们从不用对谁感恩，因为他们有自己的耕地，过着自给自足的生活。

那么，中国人贫困的原因到底是什么呢？这和一种生存方式有关，所有中国人都在追求这种生存方式，而它正是导致中国人贫困的罪魁祸首。是什么引导着原本智慧的中国人，失去了理智，毫无顾忌地繁殖人口，从而被贫困捆绑？是什么使人们不间断地辛勤劳动，陷入为生存而斗争的水深火热之中，使中国人的生活形成周而复始的恶性循环？这或许要从了解中国人的家庭结构入手。

中国人极其重视死者的灵魂归属，他们认为祖先的灵魂到达天堂后，一定会无依无靠，处境悲惨。所以，他们规定一年当中，要专门为先辈举行两次祭祀仪式，目的在于给祖先烧些纸钱，使他们有钱花，不至于沦落到乞讨的地步。不过，烧钱一事必须有后辈中的男性来执行。孟子有言："不孝有三，无后为大。"这里的"后"当然指的是儿子，所以，人们渴望生儿子，并且认为，多子多福。此外，中国父母享有为儿子安排婚姻大事的特权，他们希望在有生之年尽快帮儿子找到对象，组建家庭，并帮助儿子过上丰衣足食的生活，这或许和中国人不够长寿有关。儿子还不到二十一岁时，父母就为他娶媳妇，婚后，小两口继续和父母共同生活。只有在学会生存以后，儿子才能离开父母，自立门户。而在美国，如果年轻人不具备一定的经济基础，是不会考虑婚姻的。本来，对于生育问题，能在了解过自身的经济条件后再做出决定，是非常有必要也很有好处的。但在中国，儿子的婚姻大事完全由父母一手操办，他们对自己的婚姻从来没有发言权，因此，更别谈自主决定其他的事。通常，在二十个、十个或者五个大学生中，就一个是结过婚的，而许多人刚大学毕业时，就成了父亲。

在中国人的婚姻中，要求男大女小，因此，男孩结婚早，使中国女孩也嫁得早。出嫁时，她们的平均年龄也就十六七岁，十五岁就嫁人的也有。不过，在一些受过国外新思潮冲击的城市，女孩嫁人的年龄在往后推迟。由南往北看，汕头是十六到十八岁，重庆是十七到十八岁（之前是十四五岁），北京是十八岁，而上海和武昌两地则达到二十岁。此外，学校也将结婚年龄推延至近二十岁，但是，在两千个女孩中，却没有一个人去中学读书。北京的学校大概在两年前，就对在校生的结婚年龄做出了这样的规定：男生必须满二十二岁，女生必须满二十岁。

即便如此，实际情况并没有得到太大的改善，如果不把妓女计算在内，所有女孩基本在二十岁都嫁人了，而百分之八十的男青年在二十岁时也都娶了媳妇。这样看来，东方的人口总量起码是西方人口总量的三倍。尽管就家族的大小而言，美国人的家庭不见得比中国人的小，但美国人口比中国人口少：在美国，见得最多的就是三代同堂；而在中国，四世同堂的家庭比比皆是。美国人生儿育女，会受到一些必须考虑的因素的影响，但中国人没有这层顾虑，纽带般牢固的家族关系，或许是使他们家庭成员众多的原因之一。除了敬祖，在中国人的传统伦理观念里，还有养儿防老的说法，因此，中国人收养的小孩子数量之多，远远超出了美国人的想象。所以，当穷人无力抚养自己的子女时，家族中与其关系亲密的亲属极少拒绝收养他的几个子女。而膝下无子的夫妻，更是对儿子望眼欲穿。上海当局为此愁得焦头烂额，为了得到一个儿子，上海的一些夫妻甚至和人贩子打交道，参与拐卖男孩的罪恶交易。此外，家族中的穷困者，往往能从死去的亲属成员中得到其遗留财产的资助。所以，以上种种因素，就像英国的《济贫法》给予穷人生存保障一样，激励着人们不间断地繁育后代。

养育子女对于美国的父母来说，是一份家庭重担，相比之下，中国的父母则要轻松得多。不过，在子女回报方面，中国父母的渴望却比美国人更加强烈，他们希望从儿子那里获得更多的好处。中国人之所以如此信奉养儿防老的观念，是因为他们并不像美国人一样，拥有大量储蓄、投资的机会。因此，男婴将得到全力呵护，绝不会像女婴一样不是被淹死，就是被卖掉。在中国，男子无论在家里还是社会，都占据着支配性的地位，但尽管如此，就算是一名四十岁的中年教师早已有了妻儿，每个月也依然要履行自己的赡养义务，将工资交给父亲。人们会对那些儿孙满堂的人表示敬意并送上祝福，而那些只有一根独苗的家庭，是值得怜悯的。

也就是说，中国人最关心的问题，是家里有没有子孙。早在远古时代，中国人就形成了这样的价值评判标准：首先考虑的是有没有子孙，其次才是受教育的情况和经济条件如何。在古代，每个人的生存空间还没有遭到残酷的挤压，所以这个标准尚有存在的土壤。但到了现代，庞大的人口将原本富饶的土地吞噬殆尽，生存变得更加严峻。但是，人们的观念却没有与时俱进，人们依然沉迷在祖先崇拜中，那些有众多儿孙参与的葬礼，总是让中国人眼红。他们认为葬礼上出现孙子、重孙，是死者极大的福气。

所以，人们不遗余力地繁殖子孙后代。据说，在广东，哺乳期的妇女为了使生育间隔期变短，以生育更多的孩子，便让奶妈给婴儿喂奶。如果小孩过多，西方国家的相关机构可以代为抚养，而父母也乐意这么做；但中国人绝不会轻易把男婴送人，他们从不怀疑自己的抚养能力，只要有一口饭吃，他们就不会放弃，除非到了极其艰难的境地，他们才会考虑送养的可能。香港有三十二万人口，一些父母在暂时无力抚养小孩时，会将他们送到这里的一家慈善医院，直到处境好转时，再将其领回。真不敢想象，若一个美国人要在这里开办一所儿童之家，需要具备怎样的气魄。

如果美国富人的妻子不能负担更多子女，他便不能随意生育，收养也是不允许的。不过，在中国，由于小妾拥有法律认可的地位，中国男人便可以通过纳妾来生育更多的子女，于是，中国的人口变得越来越多。而在美国，那些已经三十岁至三十五岁的妇女，却有近百分之十七依然单身；但在中国，一千名妇女中找不到一个没有结婚的，换句话说，基本所有妇女都没有让她们的生育能力白白浪费掉。

正是以上各种因素，导致中国人盲目地生育后代，而这是以丧失经济发展前景为代价的。中国人的生育习惯，使环境的承载力逐渐变弱，但这一状况似乎丝毫没有改变的曙光，中国从来没有出现过一个如英国人口学家马尔萨斯一样的人物，去唤醒执迷中的中国人。在中国人的信仰里，不在乎国家的过错，他们坚信家庭的作用。同时，他们希望把这一信仰传递给那些自由的美国人，告诉他们孝道的重要性和如何建立正确的两性关系。不过，有一条政治经济学法制是这么说的：“人类生活水平的高低，很大程度上取决于人口的增长速度。”想必那些中国思想家从来没有想过这一点，而一些中国学者要是从美国人口里听到这条法制，也一定会找出一些谚语自欺欺人地说：“一碗饭和两碗饭，没有什么不同”，“小鸡迟早会有的”，“要是只有一个儿子，肯定会饿死的。”此外，为了说明人口多少并不是影响生活水平的因素，他们还会说，相邻的两个村庄，大村人口比小村多，但是大村却比小村有钱。

假如人类毫无顾忌地繁殖后代，超出了土地的承载能力，大自然便会对人类施以报复，增加死亡率，以使其与出生率对等。中国人令人怜悯之处在于，他们的高死亡率并不是出现在成人阶段，而是出现在婴儿时期。相比夭折的婴儿对人口数量的影响，那些因为饥饿而死去的成年人的影响则微不足道。婴儿的高死亡率让人难以置信，有些人生育了七个，甚至十二个孩子，都无一幸存；有些人生了十一个或十二个孩子，几乎死了一大半，剩下二个或四个活口。这种情况随处可见。一位传教士在他居住的地区，进行了一次调查，结果显示：在十个婴儿中，顶多有一个可以活下来。迈克卡莱特，一位在重庆生活了二十年的博士，他了解到那里很多婴儿活不过两年，婴儿死亡率大概达到了百分之七十五至百分之八十五。一九零九年，在香港开展过的一次出生率的调查显示，有百分之八十七的婴儿活不到一年，就夭折了。在台湾，日本人组织了首次人口普查，他们发现中国人的小孩中，有百分之五十活到半年就死了。如此高的死亡率无不让人感到震惊。

高死亡率的主要原因并不是贫困，而是婴儿羸弱的体质。也许，这跟营养匮乏的母亲有很大的关系。此外，中国母亲育儿知识的空白，也在无形中成了高死亡率的帮凶。她们不了解牛奶对婴儿成长的重要性，因此不会给婴儿喝牛奶，这就使婴儿一出生就面临营养不足的处境。然而，即便有些妇女在喂养婴儿的过程中使用到牛奶，却是错误地把牛奶混在熟食中。她们还把一种很难消化的蛋糕喂给婴儿吃，很多娇嫩的婴儿就死在这些对育儿一无所知的母亲手里。不过，从某种角度上看来，这类人口的死亡显得非常必要，因为它能促使食品需求趋于平衡。许多医生都觉得，应该成立一个医疗宣传队，然后把母亲们召集到一起，教给她们必要的育儿知识，对于医生们来说，这是他们必须担负的艰巨而庄重的职责。

不过，造成婴儿高死亡率的直接因素是经济压力。女儿嫁出去以后，就成了丈夫家里的一员，对于女方家长来说，在女儿身上得不到任何利益，因此，女孩向来被视为家庭的负担。不过，如果家里没有儿子，父母就不得不投靠女儿，去和女儿、女婿住在一起。明白了女孩在家庭中的地位，就不难理解为什么有那么多女婴，一出生就被处死。在一些大家庭中，许多女婴的死亡则和缺少照料有关，因为即便家里有了男丁，父母对儿子的渴望依然强烈，女儿的到来无不让他们感到失落。有个人家在湖北，他死了两个女儿，在谈到她们时，这个人说:“我的负担没有了。”此外，食物的品质不够高也是导致婴儿死亡的一个因素，很多孩子发育缓慢，无论是体质还是身高都不符合他们的实际年龄。高密度的人口带来的如湿疹、猩红热这样的疾病，也夺走了许多孩子的生命。

不过，人口问题带给成年人的，除了繁重的体力劳动和物资的贫乏，还有寿命的缩短，他们平均比美国人少活十五年。在人口密度大的地区，空气、土地、水源，甚至田里的农作物都渐渐被污染，但对于环境的变化，人们却丝毫没有察觉。他们也缺乏未雨绸缪的意识，从来没有想过在丰收年，储蓄一些多余的粮食以防止荒年的来临。诚然，每个中国人的内心确实烙印上了诸多道德准则，他们尊重他人、讲仁义、重孝道、待人谦和有礼、诚实守信、做事勤劳，但由于他们的一生几乎都在为繁殖后代而不懈努力着，所以他们仍然过着异常艰苦的生活。他们冬天穿粗布蓝棉衣，夏天只在腰上系了一块布来遮住下身，而小孩干脆什么也不穿。他们住在简陋的泥草房里，由于没有烟囱，烟雾把墙壁熏成了黑色。凳子是用粗劣的木板做成的，泥炕上面放一张草席就是床。窗户的透光性很差，餐桌和地板也是脏兮兮的，猪和家禽互相追赶着抢夺地上的饭粒。屋子里看不到任何养眼的事物，比如窗帘、墙纸、桌布、地毯或者装饰性的摆件；室外没有用来美化生活的花草、树木、木楼。日常生活也毫无情调可言，他们没有藏书和图册，也没有看报纸、听音乐、参加体育活动的习惯，他们不知道何谓节假日，也从不举办什么聚会。而随处可见的是那些光着身子的小孩，他们看起来惘然若失，要么散漫地躺着，要么就在泥土里来回爬动。这些孩子使穷人失去了理智，在他们眼里，孩子比任何财产都要宝贵，为了孩子，他们不惜丢掉一切。

在安徽，一个统辖地区达十一平方英里的首领，在报告中提到，当地总人口达一万四千，每平方英里有一千二百人，每英亩二人。在山东，尽管很多土地尚未开垦，但每平方英里也达到了七百人。这是不是说明，无论何时何地，中国的人口都处于饱和的状态呢？事实并非如此。发生在三十多年前的饥荒，使山西省的人口锐减了百分之七十，只有在那些断瓦残垣和冷冷清清的旷野中才能找到人们留下的痕迹。而当时的山东则是一个人口大省，当铁路开通到省会城市太原以后，山东人便向山西迁移。陕西省也有过和山西相似的遭遇，十九世纪七十年代的回民起义，夺走了五百万人的性命。一九零零年的大饥荒，又使该省的人口减少了百分之三十。在甘肃、云南、广西（注：广西此时沿袭清朝称省）等省，看看那些杂草丛生的荒地，就可以想象农民起义和之后爆发的大屠杀，对这些地区的人口总量造成了多大的影响，大量丧失的人口在短时间内难以复原。在江苏和浙江，太平天国起义的影响永远无法终止。

为求生存，中国南方各省有近一千万人选择移民海外。其中，隶属华南战区的广东和福建两省，出现了一股移民潮，台湾地区和美国的加尼福利亚州成为移民的首选，其次就是一些东南亚国家，比如印度尼西亚、马来西亚、荷属帝汶以及新加坡、菲律宾、缅甸、锡兰，还有大洋洲的澳大利亚也在移民国家的行列中。人口大量移民，缓解了两地的人口压力，从而使经济得以恢复。而移民们将自己在海外挣到的钱源源不断地寄回、带回家乡。在第一批广东移民在加利福利亚和新加坡定居后，广东的一些侨乡地区，近几年又收到了九百万美元的海外资金。在福建沿海地带的乡村，一些富裕起来的移民回到家乡后，纷纷盖起了地基牢固、砖瓦精良的瓦房，修起了宏伟的祠堂，还用砖石铺设了人行道。这无不令人惊叹。在福州三十英里以外的地方，树木繁茂，山里经常有老虎出没，人们曾经在那里开辟了耕地，而如今便任由它们荒芜了。

至于不久的将来，中国的人口将会发生怎样的变化，在对当下中国的局势进行一番分析后，是可以预见的。在现代社会里，中国即将产生一个效仿西方国家的政府，如果社会矛盾的缓和还无法扑灭起义军的战斗火苗的话，那么现代化军队就会将其镇压。四通八达的铁路系统形成以后，中央专制政府便可以组织赈灾事务，将余粮输送到那些遭遇饥荒的地区，帮助灾区民众渡过难关。人们开始抵制危害人体的鸦片。当人们不再感到局促不安时，就会推倒那些把城市和外界隔离开来的城墙，人们的活动将不再局限在狭小的空间里，城市得以向外延伸。公园会有的，宽阔的马路会有的，城市管道建好后，自来水也会有的。一些在大学接受过专业培训的医疗队，致力于疾病的消除。所有健康的地区官员效仿如今的香港官员发动灭鼠、灭蚊大战。为了防治传染病，医生们将会尝试多种方法，如医院隔离、检疫隔离、血清隔离。而护士们则会在全国各地向母亲传授育儿知识，并极力推广牛奶的使用。当前，一千个中国人中有五十到五十五人死亡，但如果中国社会能够发生上述的变化，高死亡率将会大幅度下降至一千人中死亡二十人，这个数值和现代化日本的水平一样。

回到当下，中国要降低婴儿死亡率，使其与日本处于同一水平，还有很长一段路要走。现在，中国婴儿的残废率比美国多三倍，高达百分之五十或百分之六十，除了俄国部分特定地区以及加拿大的法语地区，在白人国家中，再也找不出一个能和中国抗衡的。造成中国婴儿高死亡率的因素还将长期存在。毫无疑问，在这个世纪，中国人的诸多恶习，如敬祖、早婚、妻子地位低下、热衷建立大家庭等，都将逐渐被摒弃。不过，尽管习惯的改变有助于中国人像西方人那样，延长了寿命，但他们仍然按照东方人的生育习惯，在高效率地繁殖人口。每年人口增长的速度将大于百分之二，因为在死亡率只有百分之二十时，出生率就比死亡率多出两倍。粮食供应无法满足快速增长的人口需求，即便将科学技术引入农业生产中，也很难扭转这一状况。要求得生存，出路就是移民。日本政府现在面临的麻烦，就是当初大批量地将民众迁移至朝鲜以及中国东北造成的。在大约半个世纪以后，中国多余的人口将大规模地向海外移民，其数量会是日本移民的十倍。随着教育的普及和纸质媒介的传播，近百分之三十的成人可以从阅读中获取资讯，而即便是最偏僻的村庄也能通过报纸掌握世界的发展动向，因此参与移民的省份也将从二个增至十八个。西南亚、中亚、非洲、墨西哥、中南美洲都将迎来蜂拥而至的中国移民，就连历史悠久的欧洲，也会出现黑发的面包追求者。到时，“怎么和中国人相处”这个曾经困惑过美国加利弗尼亚、澳大利亚、加拿大以及南非居民的问题，将变成全球性的问题。

第五章　工业发展现状

西方人把以“中国人”为主的黄种人对白种人构成的威胁，称为“黄祸”，它从三个方面显现出来，其中情势最紧迫、也最现实的是：如果中国人在掌握了西方的知识以后，将其运用到人力资源的开发和节约，就会影响到西方经济的持续增长，也会使西方人的高收入受到威胁。到时候，西方国家的人们就很难像现在这样过着闲适的生活了。要阻止事情发展到这一步，西方国家就一定要联合起来，在统一方针的指导下采取一致的行动。此外，“黄祸”的第二个方面是指军事：东方如拿破仑·波拿巴式的军事领袖，将带领黄种人的现代化军队向西方列强宣战，毫无疑问，胜利的一方必定是这支规模巨大、武器精良、训练有素的军队，甚至，他们还会迅速向整个欧洲进发。

不过，西方人对“黄祸”军事方面的猜想，显然过于理想化，一些来中国考察过的人，或是对中国社会的真实状况有所了解的人并不这样认为。西欧人好斗、崇尚武力，但是绝大多数中国人看不到这些特征，年轻人之间发生冲突，不会随便动手和人比试，而是像女人般用脏话来攻击对方，就算打斗起来，他们肯定不会向对方的要害处下手。苦力们一旦争吵起来，极少使用暴力，多半互相谩骂一阵便作罢。

和中国人比起来，日本人天性尚武的特征就显得更加明显。日本人刚从军事封建主义的桎梏中挣脱出来，尚武精神并没有消失。新加坡为了避免传染病的扩散，对三千名中国人和三百名日本人进行一次隔离检疫。隔离期间，日本人常常滋生事端，比如，吃饭时，日本人要求排在中国人的前面，显然，中国人只要稍加反对，就能让日本人打消这个无理的念头，但他们却抱着息事宁人的态度，同意了日本人的要求。如果以此认为中国人胆小软弱，就有些草率了。事实上，每个中国人都有一种勇敢无畏的精神，他们之所以选择委曲求全，只是因为他们认为动武是一种愚笨的行为，对解决问题毫无帮助，只会使问题变得更加复杂。生活在马来半岛上的人，一定会留意到中国人在动乱中的表现：在一片嘈杂声中，只要领导者举手示意，所有人都会停止喧哗，用心聆听领导的每一句话。中国人不会像日本人和东印度人那样，随时随地爆发骚乱，他们在同胞面前绝不会随意发泄情绪。

比起旧军，新军的进步确实不小，但其作战能力到底怎么样呢？或许从下面这段对话中，就能找到答案。一个美国人问几个后备役士兵："你们觉得当兵怎么样？"那几个人说："不错。"美国人接着问："要是打起了仗，你们会怎么做？""哦，我们可以跑掉啊，朋友会第一时间告诉我们的。"一个士兵回答道。这支新军的诞生和仇恨有极大的关系，由于旧式军队在和西方军队的战争中，吃尽了败仗，自以为是的中国统治者为此万分苦恼，于是训练了一支新军，试图向西方人发动还击。然而，在中国人看来，新军不具备进攻的能力，最多能起到一些防御的作用。对于求胜，士兵们的欲望并不强烈，从他们茫然的表情就能看出这一点。这些身穿黄色卡其布军装的小伙子来自乡村，透过他们规规矩矩，没有武力倾向的言行，就可以感受到他们的质朴。事实就是如此，在日本农民身上，能看到军人般的英勇气魄，而在中国士兵那里，只有农民的顺从和忍耐。中国人之所以缺乏尚武精神，和他们思想里的一种坚不可摧的信念有关：在中国人看来，公理或天理是胜于强权的，无论遇到什么问题，“理”会帮助人们抚平一切。所以，中国人在面对欺辱时，只要还能看到一丝和平的希望，他们就会竭尽全力地维系；而在富国方面，中国人更愿意依靠自身的努力使国家变得富强，也不要用武力使他人屈服来实现这个愿望。如果要重新激发起中国人的尚武精神，就必须让他们经历一连串大的触动，从而撼动这些信念。

“黄祸”的第三个点是指在工业领域里，东方人将战胜西方。中国人口众多，人民又勤劳又有智慧，生活水平低，有人以此推断，在不久的将来，中国会成为一个工业大国，那些物廉价美的中国制造，如钢铁、轮船、机器、家具及纺织品等将源源不断地涌入中立国家，然后将西方国家挤出那里的商品市场。同时，一番激烈的争斗、对立和磨合也将在中国工厂主和白人劳工之间发生。最后，为了保住饭碗，白人劳工将被迫接受中国人拟定的工资。对那些西方工业强国来说，这无疑是一种致命的打击，但他们却对此束手无策，无论是实施限额移民，还是启动关税壁垒，都无法使本国利益得到有效的保护。

毫无疑问，没有哪个国家的工厂主可以抗拒中国最具竞争优势的廉价劳动力。在上海，缫丝厂女工每天干十一小时的活，领到的日薪只有八到十一美分。当然，上海的工资水平和内地比较并不算低，工厂主们发牢骚说：上海的工人经验深，阅历丰富，不会任人宰割。一个在汉阳钢铁厂工作的普通工人，月薪是三美元，与之相比，那些在美国南芝加哥钢铁厂工作的斯拉夫人，则要幸福多了，虽然他们还是新手，却拿着十倍于前者的月薪。在汉阳，一个熟练的机械修理工的月薪也只有八到十二美元。湖北宜昌离长江口有一千英里，那里有一座煤矿，每天，矿工们要扛着煤在矿井和河岸间不停地往返，一个来回就是三英里，而一袋煤的重量有四百磅，报酬以袋计，扛一袋煤就有一美分。一天下来，矿工们平均能扛十袋煤，能挣十美分。但除了一日三餐的开销，就只剩下七美分了。即便如此，矿工们也不得不每隔一周，就要停下来修养几天，因为劳作时，他们每天都要在高出膝盖的深水里，浸泡十一个小时，双腿由此变得又肿又胀。矿工们的低工资导致了宜昌的低煤价，每吨煤也就能卖三十五美分的价钱。四川成都的劳工，每月的收入是一点五美元，全部生活开支都在其中。四川一些体格强健的苦力以抬轿谋生，一个人半天只能挣四美分；西安的苦力一天就挣三美分，这还包括生活开销，一个月下来，每人顶多能挣八十美分；在山西，一些人以帮人收割庄稼谋生，他们每天能有四到十二美分的收入，长工在雇主家做活是包吃的，年收入有五至六美元。总而言之，无论在中国的哪个地区，都能用八到十五美分的工价，雇到大批主动应聘且素质优良的劳动力。

中国在劳动力方面的巨大优势，是她即将迎来工业大发展的一种征兆。而中国在工业领域的异军突起，好比在地球表面的隆起的大陆板块，将对当今的世界贸易格局重新洗牌。西方人要深入了解中国工业的前景，可以去看看中国工业的现状。二十年来，四十六个缫丝厂在中国拔地而起，仅上海一地就拥有三十八个，七八个生产纱绒的棉纱厂，产品供应给当地的手工织机；还有两家毛纺厂，专做士兵的呢绒制服。上海工厂密集，有生产玻璃、香烟的，也有制造肥皂、牙刷以及面粉的，都是一些民族工业。汉阳钢铁厂的职工人数现达到五千名，上千家工厂将开采的矿石和煤供应给该厂。早在一九一一年，汉阳钢铁厂就有了海外贸易，当时与其签订贸易合同的是一家美国钢铁联合公司，据合同要求，在之后的十五年里，汉阳钢铁厂每年都要将三万六千到七万二千吨生铁运往美国。现在，该厂的规模在逐步扩大。

这些生机勃勃的工业景象让一部分人觉得，中国工业迅猛发展的时期要来临了。当然，由于人们看问题的角度不同，所以还不能随意对这种发展将给白种人的利弊加以判断。不过，如果人们在分析某种现象时，善于抛开浮于表面的东西并进一步探究其本质，就会发现，起码还要经过几代人的打拼，中国才会成为工业大国。因此，现在中国工业不会再出现突飞猛进的发展。那么，是什么原因阻碍了中国工业的快速发展呢?

首先，在国内商品供需还未达到平衡之前，中国企业就不会向国际市场进发。如今，中国人的平均购买力还不到美国人的百分之十四，因此，中国市场比美国的商品市场大一倍多，假如把中国人每年需要的棉织品铺成一条毯子，其长度绝对可以达到月球，而宽度也有六十英尺！另外，东亚商品市场扩大后，中国国内市场对那些廉价商品，如纺织品、服装、餐具、钟表以及梳妆用品的需求更加旺盛，于是，他们会将更多的精力放在发展民族工业上。所以，在今后很长的一段时间，白人都不必为中国制造品席卷南美洲和非洲市场，并对白人国家的贸易形成威胁而忧心忡忡。

其次，由于劳工的技能和素质有限，中国商品价格和劳工工价之间的悬殊一直存在，通常是商品价格越高，劳工工价越低。而中国劳工要达到德国及美国劳工那样的技术水平，还需在生产力发展的同时，不间断地学习知识，掌握技术，并习惯工厂的环境，这将是一个漫长的过程。华北某官办铁路公司，主营桥梁建材，这些桥梁建材大都来自欧洲，桥梁横梁筑在运至建桥工地之前，就已经配好套、打好洞，散装出售。虽然中国劳工的工价只有比利时劳工的百分之二十，但从比利时进口一架铁桥的价格，远低于中国人自己建造所需的花销，也就是说，现在，把五个中国工人的价值加起来，都比不上一个比例是钢铁工人的价值。由此不难看出，至少要在几十年后，中国劳工的水平才有可能追上现代西方人。

中国较发达地区和美国落基山东部地区的面积不相上下，但前者的铁路总长度还不到七千英里。事实上，在交通方面，中国绝大多数地方都有极好的发展前景，这完全得益于中国高密度的人口和集约型农业。所以，只要善于经营，高于现在十倍的铁路历程一旦建成，其产生的高额利润一定会令投资者振奋不已。进一步说，只要中国能将国内多余的资金集中起来，加大铁路建设的力度，不出三十年，就能建成一个初具规模的铁路网，实现供需平衡。铁路建设作为一个新兴工业，在当今中国扮演着重要的时代角色，不过，除了开通商口岸的一些人，能敏锐地察觉这一点的中国人却是凤毛麟角。所以，中国人觉悟的那一天，也就是中国铁路工业迎来曙光的那一天。李鸿章时期，在修建铁路和开采矿产两方面，外国人在中国享有特权，当时，一个外国人可以在矿产大省，对五千四百平方英里的煤矿、铁矿进行开采。但现在，中国人的民族意识逐渐觉醒，人们高呼“中国是中国人的！”外国人的这些特权早已成为过去式。政府收回了部分铁路建设的特权，比如在山西，当地人便重新获得了铁路建设的主权，为此，他们要给北京铁路联合公司支付二万一千五百元的赔款。毫无疑问，那些在中国侵夺资源的不速之客，都将被中国人驱逐出去，就像他们曾在日本的遭遇一样。中国人会自营工厂和矿山，要不然就会任它们废弃。但是，官僚们利用权势对民族工业果实的疯狂掠夺，使民族资本家丧失了信心，没有任何法律能够制约官僚的行为，民众对此更是毫无办法。以沪杭铁路为例，这条铁路是中国人自己修建和营运的。但我从一个董事那里得知，修建该铁路时，那些以各种名目来此频繁“审察”的官员，给他们造成了极大的困扰，甚至一度影响了建设的进度。出于无奈，他们只有贿赂那些官员，以免惹上更大的麻烦。此外，这家公司借贷了一笔高额外资贷款，尽管这笔钱毫无用处，但由于是中央政府派发的，他们只有被迫接受。不过，这笔钱并没被投进铁路项目，而是以小股的形式高利贷出，这主要为了防止官员们又巧取名目，将这笔钱捞进自己的腰包，这样贷款方一点头，公司就能立即全额还款。

在福建，政府官员缺乏应有的责任心，对民办企业置若罔闻，这极大地挫伤了人们在家乡创办民族工业的热情。于是，大批福建人辗转于海外近五十年，在英属或荷属的东南亚国家大展拳脚：有的成了经商人，有的经营种植园主，有的成了矿厂主、承包商，还有的成了工业家，大多数人都富裕起来。有些人回国投资办厂，并引进国外先进的技术和管理经验，但到了现在，我只知道福建只有一家现代化的锯木厂。由于缺乏民间投资，福建的煤矿业一片惨淡，面对潮水对煤层的肆意冲刷，官员们却束手无策。到底是什么原因使福建人失去了在当地投资办厂的兴趣呢？一位在马来西亚西部霹雳州经营采锡业的福建籍矿主是这样回答的：福建人之所以不愿意在家乡投资，主要是因为政府官员的“强取豪夺”。离开福建后，他为自己打拼出了上百万的身家，而在马来西亚，像他这样的中国籍百万富翁还有三十家。

一个新加坡的承包商退休回国后，听说广东汕头的地下蕴藏着丰富的矿产资源，如果他过于轻率，不假思索地便到那里投资开矿，会是怎样的情况呢？事实上，开采工作困难重重。首先，他不得不应付当地客家人的纠缠，用钱财将他们打发后，还得贿赂当地官员；接着，他还要给“厘金”官员一些好处，这样进口机器才能顺利地到达目的地；然后，为了确保无障碍通行，在产品运往港口的路上，还得分别向经过地区的行政官员缴纳“过路费”；最后，由于人们相信鬼神之说，认为矿井作业会给人带来霉运，惊扰地龙，所以在经营期间，他还要随时做好被迫停工的准备。怪不得我曾听一位政府高官说，所有官方企业都是有旧势力保护的。

伍廷芳阁下看到了私人财产缺乏保护的现状，他认为现在政府迫在眉睫要做的，不是为是否建立国会而争得面红耳赤，而是要制定一个具备宪法功能，并能保障人民基本权利的大宪章。基本权利的内容是：只有持逮捕令才能执行拘捕；一天内完成公审；罪犯独立承担应有惩罚，不牵连亲属；罪犯配偶和商业伙伴的财产应受到保护。

从宏观上来看，中国的工农业在各个地区都有发展，但大都是小农经济和作坊式的小型手工业，经济效益普遍不高。而在管理大型企业或股份公司时，中国商人明显缺乏相应的知识储备和有效的实战经验。此外，在社会上名望颇高的商人和银行家，还没有建立起应有的商业道德，中国商人间没有诚信可言。

在中国，人与人之间的交往，没有道德方面的约束，他们只关心能否从中获利。中国人有一种极难撼动的思想观念，那就是：无论干什么都要从中收取点酬金，或者“得到点什么”，并且，这种观念会持续到生命的最后一刻。比如，对于工资，厨师认为这是他为老板干活后应得的酬金，和采购员在为老板采购完东西后，得到相应的收入是一个道理。一个在中国生活了三十年的外国海关职员，跟我讲他对中国人的认识：“我刚来中国时，就发现仆人们有一个非常不好的习惯，他们总是占我的‘便宜’，为此我一度很烦恼，认为这是中国人对待外国人时特有的习惯。但后来，我和我的中国老师交谈过后才恍然大悟，她说：‘事实上，中国人也会对自己人有这种行为，我给老用人五个铜板，让她帮我买吃的，她肯定会悄悄扣下一个铜板；假如她从我这里只拿到一铜板买醋的钱，她还是想尽办法拿些好处，如果实在没办法私藏半个铜板，她就故意把醋洒一些到地上。’”

在这种观念的引导下，中国就出现了这样的怪现象：不管通过什么渠道凑集到的投资款，总在毫无知觉的情况下就被用完了。在一家为修铁路而成立的公司里，竟然晃荡着十个光领工资却毫无作为的行政官员，一节铁轨都还没有铺好，就把各个路段的长短规定好了。显然，这几个有幸在铁路公司“揩油”的行政官员，是某些更高级别的人物指派而来的，因此，他们领到的钱，有很大一部分会落在背后操纵者的手里。而原本用来修建铁路的经费，就是在诸如此类的各式名目下被消耗掉了，铁路工作被迫停止，不了了之。打造家具的工匠们愿意购买那些已经在仓库里闲置了一年的枕木，而且是大批量的买入。一家官办铁路公司曾经在一次采购枕木的公开招标中和一家德国公司形成了贸易关系，按合同规定，德国公司需以低廉的价格定期向中方供货。但是不久后，德方就接到一个电话，是中方的采购员打来的，他告知德方：“现在，日本人给出的枕木价格比贵方要低得多，所以我们在考虑更换供货商，不过，只要贵方乐意支付一笔可观的佣金，就仍然是我们的合作伙伴。”原来，这家公司准备增加枕木的采购量，按正规的流程，采购官员应该再组织一次公开招标，他之所以没有这么做，而是直接打电话给德方，显然之前在日本人那里拿了好处。而德国公司对采购员的话置之不理，最后，得到供货权自然就是日本人。

一个在官办工厂供职的外国专家，在进行过一番检验后，规定了燃煤的采购标准，即只能购进含热量最高的那种煤。头一回，采购员倒是严格把关，买进了符合标准的燃煤。但第二回买进的煤，质量就明显不过关了，事实上，购买第二批煤时，这个采购员受到卖方的贿赂，答应对方以次充好。哪怕他强辩说第二批煤和第一批是一样的，也掩盖不了质量问题。类似这种事情在中国司空见惯。中外铁路工程师们常常怨声载道，他们明明对采购员清楚地交待过进口机器的种类和规格，但采购员买回来的机器总是不符合要求，这自然不是采购员因粗心大意而犯的错误。中国现在正在建设的铁路一共有十三条，按照计划，全部铁路从勘探到施工，都由中国人自主完成，尽管这一呼声很高，实际成效却不怎么样，几乎一大半的铁路建设，都处在一个进展极慢的状况，但钱却没有少花。在福建、厦门至常州线的初期工程早已在此开工，但到现在还是一大片工地，路基还没形成，到处是成堆的铁轨，那些随意堆砌在户外，已经生锈烂掉的枕木更是无人过问。这样的施工速度实在让人感到沮丧。在投资商们看来，粤汉铁路的工程进度和蜗牛爬行的速度有得一拼。尽管已经投入了五百万两白银，但时至今日，投资方安徽铁路公司连一英里建好的路轨都没有看到。铁路工程几乎是被迫叫停，铁路公司拿不出钱，声誉也无以为继，投资商们只有眼巴巴地看着那些已经修好的桥墩，一段十三英里的斜坡以及摆在工地的桥梁钢架叫苦连天。总而言之，在中国，各个地区都会出现这种现象。由此，“中国是一个不讲诚信的国家”成了外国人公认的真理。也许，这样的评判有武断之嫌，但中国人在商业领域里所表现出来的收酬金、捞回扣的不良习气，在很大程度上促使了这一结论的形成。

西方人到了一定年龄就会离开原生家庭，独自到社会上开创生活。中国人则不然，他们极其重视家庭，每个人都有义务帮助其他家庭成员，哪怕做不利于他人的事也在所不惜。其中，帮亲友谋份差事，便是他们认为的义务范畴内的事，而亲友能否胜任那份差事则无关紧要。一个人如果在省城有了一官半职，前去他家登门拜访的亲友一定会络绎不绝，哪怕是远亲也会赶来贺喜，最后来访者都会委托亲戚帮他们找份差事。由于没有了保护伞，新人的到来，会让上一任官员的关系户感到极其不安，为了留住颜面，他们便伺机离开。

中国人这种严密的家族关系网，就像病魔一样严重地毒化了社会的风气，现在，它的魔爪又伸向了新兴工矿企业。某官办工厂有个部门，一直效益不高，该厂经理随即对这个部门展开了调查，原来在这个五十五人组成的部门里，领班的亲戚就占了三十三个。中国人已经自主经营京汉铁路两年，但在这条铁路线上，员工们个个都是关系户，这帮人拿工资混日子，没几个有真才实学的。在售票窗处，售票员忙着和人聊天，对那些购票者置之不理，买票的人也很无奈，只好站在窗口生闷气。某路段段长总是被迫雇佣总监的三亲六戚，尽管那些人根本无法胜任工作，对此他即便有些不满，又只能无奈地接受。

在中国，一个项目只要资金一到位，招工处定会人满为患，那些接踵而来的求职者，既像是从天而来，又像是由地而生。这一方面是因为中国人有极强的生存竞争意识，另一方面则是因为家族裙带关系的观念。北京的官衙，人员配置过多，但事务又少，大部分人整日无所事事。

也许有人会感到费解，一所高校，教师总人数不过才二十五或三十人，设置了十个行政岗位，但实际上，其中五个职位都是不管事的闲职。一个在某工厂供职的外国专家发现，厂里养了三十六个领着高薪却只知吸水烟、不干活的闲人，他们中有木材采购员、燃料采购员和蒸汽装备材料保管员。

一家比利时公司在临清和中国公司合伙做煤矿开采生意，中国公司在双方的合作协议里，提出了这样的要求：其一，比方享有在中国采煤的权力，不过前提是要给中方一半股份；其二，总监和工程师的职位，除由比利时人担任外，比方必须雇佣两名中国人来担任此职，并向其支付工资。从表面上看，中国人扮演着合作伙伴的角色，实际上，他们企图在那里不劳而获。那位中国总监的月收入是七百美元，但他的家远在天津，他从来没有去过矿厂。至于那位中国工程师，月收入是二百二十五美元，他的家倒是离矿厂很近，但是，这位原本应该负责技术指导的工程师，却在打压那些损害公司利益的本土小型煤矿公司！

一家德国煤矿公司也有相似的遭遇，他们和中国人形成合作关系后，一方面给了中方一半股份，另一方面以高薪雇佣了一名中国人当总监。但事实上，该厂一切事务都是德国经理在打理，那个家在天津的中国总监，没来厂里干过一天活，但薪水却照拿不误。如果厂里的煤矿失窃，这名中国总监会做出姿态向当地政府表示不满，并希望对方采取措施阻止盗窃，竭力维护该厂的利益。但是，这种口头上的抗议丝毫不起作用，那些高高在上的政府官员，只有在见到德国经理亲自奉上的一沓钞票后，才会象征性地对小偷施以轻罚。但过不了多久，盗煤的人又会蜂拥而来，不停地给工厂带去麻烦。为了最大程度地保护工厂的利益，外籍职员几乎全年守在工地，不敢有丝毫的懈怠。

目前，令中国商人备感矛盾的是，他们一方面无法和外国专家和平共处，一方面又需要外国专家的帮助。西江沿岸的某山区盛产银矿，为了冶炼这些矿石，中国人从国外进口了很多重型机器，但是，由于中国人不知道怎么安装那些机器，这些机器从到达十五英里外的西江口岸起，就从未被使用过，它们被放在离西江口有四百英里的河岸上，成了一堆腐烂的废铁。最后，那里的锡矿石不得不被拿到英国去提炼。在燃料采购方面，中国工厂的经理只关心燃料的价格是否低廉，却不管其品质如何，他们的观点是：煤不存在优劣差异，所以，那些工厂购进的煤从未符合过工程师指定的采购标准。中国煤矿储量最丰富的地区是山西，为了收回自己的煤矿开采权，山西人曾付出了极大的代价。煤矿经理是山西大学的教授，具备专业的煤矿开采知识，但在长达四年的时间里，竟没有一个人向他咨询过采煤方面的问题！

一直以来，供职于汉阳钢铁厂的外国专家都表现出了极好的工作状态，所以，该厂一共雇了二十二个法国专家和比利时专家负责管理炼钢。但是，并不是所有中国企业都能和汉阳钢铁公司一样，能幸运地招到一些有真才实学、可以助企业一臂之力的外国专家。在汕头，就有一个不称职的外国专家使其供职的电灯公司破了产。在山西，一家名为“保卫山西”的煤矿公司，三年来几度更换外国专家，结果都不理想。第一位专家负责野外考察，并撰写了一份勘察报告，经过几个月的跋涉，这位专家的收获倒是不小，但由于他对制图一窍不通，根本无法将所见所闻用图表达出来，最后上交的报告毫无用处。接着，该公司又聘用了一位大名鼎鼎的英国专家，但这个专家在到达山西前就打道回府了，他原以为野外考察的时间只有十几天，到了天津才知道需要干好几个月，于是立马就拿钱走人了。后来，为了对一个二十英尺深的煤层进行开采，该公司又先后聘请好几个外国专家，但双方合作并不愉快，专家们坚持自己对煤层开采的意见，但公司却从不采纳，最后，这些专家都纷纷离开了。毫无疑问，此类状况的频繁出现，会给中国工业的发展造成极大的阻碍。要扭转这种局面，中国人必须把工科院校办起来，让那些本国的专家来为民族企业服务。

此外，中国企业办事效率低，资金浪费大，无不让人感到悲愤。负责铁路工程的领导，都是一些既没有专业知识又没有实战经验的高官，因此，在实际工作时，问事的都是他们下属的官吏。在中国，为一家公司的运营做出最大贡献的，往往不是那些职位颇高、能力出众的人，而是那些基层岗位的平庸之辈。以那些优秀的金融家为例，他们作为公司董事长，却认为那些经管工作是庸俗的，亲力亲为不符合自己高贵的身份，他们就吩咐下属去执行具体工作，而下属和他们有同样的思想，又把工作推给下级。正是这些自以为是、毫不务实的官员，严重阻碍了中国官办企业的发展。官员对国产水泥的市场前景的认识是，人们的需求量大，而市场供给却并不充足，所以就是价格再高也会有人购买，于是刚开始，官办工厂水泥的价格远高于国外质量优良的水泥的价格，是一美元每桶。

山西太原府创办一家官办火柴厂，在筹备阶段，本来各项事务都进展得顺利，他们建好了厂房，招好了工人，也和美国公司达成了购买机器的协议，但却因为资金缺口无法如期购进机器而使厂子的建设前功尽弃。过了几年，当初政府的拨款所剩无几，全被用来养无所事事的工人们了。最近，这家火柴厂恢复运营，正式投入生产。现在，国产火柴已经占领了中国市场，日本商品不得不选择退出。安徽芜湖的一家现代化的砖窑厂，之前一直是外国人在运营，当时生产的砖，不仅质量优良，而且价格和国产砖不相上下。后来，他们将经营权移交给了中国人，砖的质量就大不如从前了，但是中国人的进步很快，如今，这家砖厂的产品质量和其他砖厂的相比，早已没有差别。

中国人缺乏远见，他们往往只图当下的利益，却从来不管未来会如何。举个发生在一九零九年的例子：一家轮船公司开辟了一条新航线，从长江中下游出发，终点是重庆，中途要经过长江三峡，此河段十分危险。不过，该公司只派出了一艘客轮担负该航线的业务。没过多久，船主就赚了个盆满钵满，在利益的驱使下，船主让轮船不停地运作，连引擎的清洁工作都没时间进行。最后，在船长的强烈要求下，船主才答应停运一星期，给轮船做一次检修，以避免安全事故的发生。

尼维斯博士不仅是一名传教士，还是一名果园主。他在烟台开辟了一片果园，并种植了大量从美国运来的优质果苗，到了收获季节，果园的水果便因其优良的品质，在远东地区赫赫有名。遗憾的是，如此良好的业绩只持续了几年，尼维斯博士去世后，果园便每况愈下。接受果园的中国人是一个唯利是图之辈，在他的追求利益最大化的经营下，果园沦为了一个和养猪场差不多的地方：没有松过土和修剪过枝干的果树大量烂掉，结出来的果实也全都变成了次品，樱桃的个儿小了，苹果和梨大多生过蛀虫，表面布满斑疤，果肉如同嚼木。

事实上，现代中国人精神品格的形成，在很大程度上受到了以往艰苦岁月的影响。新一代人只有在受过新式教育，并学会用更高的准则来规范自己的言行、礼仪，才能成为民族振兴和民族精神崛起的希望。假如有一天，中国人的生存压力有所缓解，他们的心境兴许会发生全新的改变。我觉得在中国商人的潜意识里，都极其渴望拥有一切财富。但长期过着艰苦、辛酸生活的人，会对他人的举止失去基本的判断力。很多中国商人的产品在国内销售惨淡，但当他们去了马来西亚某地后，却获得了极大的成功。他们中有生产家具、制冷设备的，也有造酒和饮料的，还有出售化学制品和药剂的。对于商人来说，马来西亚是一个机遇遍地的国度，中国商人在此也备受称赞，这说明只有在有利的条件和环境中，中国人才能发挥其与生俱来的稳重和忠诚的品格。

因此，和很多西方人的猜测相反，中国工业离飞跃式的发展还有一段距离，也不可能在短时间收获任何突出的成绩。在未来的很长一段时间里，中国工业的发展仍将面临诸多的阻力，比如官僚腐败、裙带关系、资金不足、其他国家的敌视、缺乏专家以及不善管理等。在如此不利的环境里，中国在劳动力方面的优势自然荡然无存。中国工业的崛起至少还需要两代人的努力，所以，中国工业对西方世界的威胁，我们及我们的子女大可不必过分担忧，孙子那一代人会去思索这个问题的。二十世纪下半叶，随着中国人经济意识的萌发，全世界的政治格局将受到影响。

第六章　为禁止鸦片所作的努力

我们一行人从中国西部出发，前往陕西宝鸡。一路上，我们好比先头部队一样，始终走在最前面，在身后一英里远的地方，紧跟着轿子和轿夫。遇到较陌生的路段，领事就向一个农民问路："这里离宝鸡还有多远？"奇怪的是，农民毫无反应。领事又重复了一遍问话："这里离宝鸡还有多远？"农民只是动了动头，但仍无任何回应。领事只好第三次发问，这才从那位农民迷茫的眼神里看到了一些光辉。接着，领事又连续问了两次，这时，农民才听明白"宝鸡"和"多远"两个词，最后一遍问话后，这位农民才慢条斯理地蹦出三个字："四十里。"其答话之低沉、迟缓就像是一个身处梦境中的人在说梦话。不料，就在这个早上，我们竟先后遇见了十几次相似的情况，这令我感到十分不解。"这是为什么？莫非这些人生来就如此愚钝？"我问领事。领事想了想，告诉我："不是的。这也许和鸦片有关。你难道不知道，有句话是这么说的，'十个陕西人里，十一个是大烟鬼'吗？"这次，大中华的秘密头一回被我亲自看见。

谈到中国人吸食鸦片的历史，恐怕要追溯到十四世纪。政府曾在一七二九年颁布法令，禁止中国人吸食鸦片，并令鸦片馆停业，然而，没有人知道该法令的具体执行情况。到了十八世纪末，中国各大通商口岸都能看到由英国东印度公司运来的商品——鸦片，它们的产地是孟加拉。此后，中国各地的人抽鸦片便蔚然成风，成了人们难以戒除的恶习。在这场贸易中，英国人是最大的获利者，为了进一步扩大收益，他们源源不断地往中国运输鸦片。一七七三年到一九零六年，英国人在和中国等东亚国家的鸦片贸易中，赚取了巨额财富，其纯利润达到二十一亿美元之多。大约在一八四零年，鸦片的危害引起了清朝皇帝的重视，他决心严禁鸦片，并派林则徐以钦差大臣的身份，前往广州查禁外来鸦片。禁烟运动在中国兴起，在一定程度上抑制了英国人在中国的鸦片贸易。一万箱鸦片在广州被销毁后，便引发了第一次鸦片战争。由于战事不利，清政府被迫和英国人谈和，并签订了丧权辱国的不平等条约，中方需向英方交纳赔款。一八五七年的第二次鸦片战争迫使清政府又签订了《天津条约》，条约不允许中国政府过问和制止印度鸦片在中国的销售。

一直以来，清政府都严禁罂粟种植，但现在，政府却放宽了这一政策，开始广泛种植罂粟。他们的理由是，既然民众对鸦片有消费的需求，那就让他们自给自足，这样既能满足需求，又能让他们节省财力，不必再买那些价格高昂的印度鸦片。于是，如今在市面上看到的鸦片，大约百分之八十都产自本土。

更令人惊叹的是，中国普通民众对鸦片的需求，也正处于一个高速上升的态势。四年前的一个统计数据显示，相比一八零零年，中国人的鸦片需求量增长了七十倍。每一年，二千五百万的鸦片吸食者总共要吸掉二万二千吨的鸦片，城市上空浓烟缭绕。英国人也表示，中国确有八百万名鸦片吸食者。部分罂粟种植面积较大的省份，鸦片又多又便宜，吸食鸦片的成年人的数量让人震惊。四川的城市居民中，鸦片吸食者占男性成年人的百分之五十，占女性成年人的百分之二十；而乡村居民的这一比率则是百分之十五和百分之五。据说甘肃省的男性中，有百分之七十五的人都是鸦片吸食者。我们在陕西西部一些地区看到，那些四十岁以上的妇女，吸食鸦片的人占百分之九十。在云南，人们在谈婚论嫁时，竟然用一个家庭鸦片烟枪的数量，作为判断家庭经济情况的依据，“这家人有几杆鸦片烟枪”是他们最关心的问题之一。几乎没有人能够抗拒烟枪的诱惑，人们渐渐陷入散漫、堕落、痛苦的泥沼里而无法自拔。

为什么中国人会对烟枪的诱惑毫无招架之力呢？这和他们枯燥乏味的生活有关。男人和女人建立纯洁美好的友情，本是生活中一件充满乐趣的事，但中国人对此毫无兴趣，他们更喜欢在鸦片的浓烟中和赌博的刺激中打发日子。尽管这两种爱好充满了危害，但对于他们来说，赌博和吸鸦片就是一种娱乐，没有比这更能给乏味单调的生活带来快乐的了。那么，又是什么原因导致中国人的生活如此单调又乏味呢？这和庞大的人口有关。为了养活更多的人，人们要为生存而斗争，向土地争夺资源，而辛苦挣来的钱财，又被过多的人口消耗得所剩无几，在这种情况下，人们再也没有钱用来丰富自己的生活。中国人的大家族观念鼓舞着人们毫无节制地繁育后代，从不计后果，他们也从未思考过这会对未来的生活带来什么影响。为此，他们舍弃了过上幸福生活的机会。

菲律宾鸦片调查委员会一份五年前的报告是这样说的：“到底是什么原因使中国人的生活缺乏情趣，又是什么原因使穷人的饮食坏到极点？实际上，在中国，能被称为娱乐活动的恐怕只有赌博，室外几乎看不到休闲的人，单调和乏味的气氛笼罩着这个国家。众所周知，高加索人在类似这样的环境里有了酗酒的习惯，如今，单调和乏味又将其魔爪伸向中国，使中国人养成了吸食鸦片的恶习。假如一个人长年累月地都在进行劳动，他必然会把艰苦看作一种生活常态。一个人若整日被商务缠身，久而久之，他也就失去了娱乐的能力，这正是中华民族现在的状态。尽管上千年来，这个古老的民族靠自己辛勤的劳动创造过辉煌的成就，但现在他们早已不知道如何娱乐。经过几千年的风风雨雨，中国人的心愿变得极为简单，只要能平静、安稳地消磨光阴就心满意足了。无疑，鸦片帮助人们过上了这种日子。中国少年对网球、足球、水球及跳远这些体育活动一无所知，日本儿童便扮演起老师的角色，对其进行耐心的指导。显而易见的是，中国孩子性情温顺，而日本孩子则充满了生命活力。正如日本籍老师所说，教会他们一些体育项目，激发他们对体育活动的兴趣，就是为了扩展他们的业余爱好，从而消除他们在屋子里以吸食鸦片来消磨时光的陋习。

穷人的空闲时间并不多，但他们怎么也染上了吸食鸦片的习惯呢？事实上，他们大多是把鸦片当作一种药物来使用。由于生活极端贫困，穷人常常饥肠辘辘，鸦片不仅能在生理上缓解他们由此产生的痛苦，也能在心理上给他们带去一种愉悦感。我们有吗啡来减轻身体上的疼痛，但是在中国，由于人们极度缺乏生活所需的必备品，贫困的苦力则承受着巨大的痛苦，为了缓解这种痛苦，他们便成了被人唾弃、鄙夷的大烟鬼。事实上，他们是最需要被人同情和关怀的弱者。综上所述，也许可以说：和其他民族相比，中国人更易沦为鸦片的俘虏，并深陷入其中难以解脱。而导致这一状况的原因就是：富人的日子单调乏味，穷人的日子悲苦不堪。

在乘轿旅行一个月后，我完全明白了中国苦力为何如此依赖烟枪。有一次，天气糟到了极点，苦力们在连绵不断的雨水中，艰难地行进了八天。他们既没有雨具也没有可以更换的干衣服，每天只能冒雨前行，湿哒哒的衣服上，汗水和雨水混杂在一起，让其痛苦至极。而行李和轿子的重量加起来达到七十至九十磅之重，他们要抬着这些东西，翻越坑坑洼洼的山路，蹚过汹涌湍急的河流，可想而知，他们每走一步会有多么艰难，而一走就是十二个小时。然而，他们幸苦劳作了一天，落脚的旅馆却也是简陋而冷清的，除了一个砖炕、一张破席子，那里既没有木床，也不提供毯子，甚至连用来取暖和烤衣服的炭火也没有。这些早已累得筋疲力尽的苦力们，只有继续穿着湿湿的棉衣，随便扒拉几口米饭、空心面或者豆腐，就拿起烟枪，开始吞云吐雾。他们紧挨着小烟灯，在破烂的席子上蜷成一团，浓厚的黑烟驱赶着他们的疲惫、寒冷和苦楚。对于他们来说，鸦片是消除痛苦最好的方法。

也许有人会问：中国人吸食鸦片这一恶习，为什么会成为一种持续而深远的社会危害呢？按照条约规定，外国人在对华鸦片贸易中享有诸多特权，而中国政府的权力因此受到极大的限制。这样一来，鸦片吸食之风不仅会一发不可收拾地在中国泛滥成灾，并且还将长期存在，但面对鸦片对中国社会造成的严重毒害，中国只能默默地承受。其实，西方社会也曾有过酗酒之风，要不是政府及时出台有力措施加以遏制的话，后果将不堪设想，其损失之重恐怕和中国的现状差不了多少。对于禁烟，就算政府无能为力，一些社会组织，如禁烟组织也应及早采取各种措施，使鸦片的毒害不再蔓延，他们可以在教士布道的讲坛、学校课堂、各类讲座及报刊媒介上发出禁烟呼吁，开展禁烟活动。然而，迄今为止，这类具备自我保护能力的社会组织从未在中国出现过。在中国，宗教没有布道的讲坛，学校课堂严禁教师教授与古典知识无关的东西，报刊的销售量也很低，此外，政府还不允许私人聚会，连一些旨在传播社会道德的社会组织也是被禁止的。而最令人感到遗憾的是，原本能在对不良社会风气的斗争中成为中坚力量的妇女们，却因受到极大的约束和限制沉默寡言。在西方的禁酒运动中，妇女们则起到了至关重要的作用，她们团结起来，大力宣传并发动妇女们为捍卫家庭而战斗的活动。然而，在中国，绝大多数妇女都是文盲，且社会地位极其低下，她们在集体讨论中没有发言权，因此，对于男性吸食鸦片给社会和女性带来的危害和痛苦，妇女们根本无力抗议。

西方列强的船坚利炮，使中华帝国的羸弱暴露无遗，中国人也渐渐地看到了这一点，惶恐不安的清政府不得不倾尽全部财力，全力展开禁烟运动，因此，鸦片对社会造成的严重危害不是中国禁烟运动的原因。在此之前，中国人自私、冷漠、对国家事务不闻不问，在危难时刻也缺乏团队精神，不过，自从禁烟运动兴起以来，中国人的这些缺点有了显著的改善。对于中国的现状，除了普通民众，连那些自以为是、胸襟狭隘的统治者也有了越来越清晰的认识，如果中国人再不戒除吸食鸦片的恶习，增强体魄和抵御力，中国将难以立足于世界之林。

一九零六年十二月二十日，慈禧太后颁布了禁烟令，规定在未来十年内，中国将彻底禁止鸦片的种植、出售以及吸食。由此，一场抵制吸食鸦片的斗争便拉开了帷幕。中国大多数地区的人民纷纷响应号召，很快使这场斗争波澜壮阔地开展起来。参与禁烟的地区和美国全境差不多大。数以万计的人被卷入这场战斗，他们中有官员、商人、烟馆老板，也有士绅和学生。无数钱财流失，上万人丢了性命，其中大部分是鸦片吸食者，幸运的是，没有对子孙后代造成危害。等这场战斗取得胜利时，黄种人必将以独立的姿态、平等的地位，和白种人一起，在影响人类发展的诸多大事件中发挥作用。

在鸦片种植地区是一派欣欣向荣的景象：成片的罂粟花在深绿色的豆地、菜地间绽放，像火般绚烂、华美。亲眼见过这一宏大场面的人，一定会觉得那里生机盎然，绝不会有任何沉闷、乏味、质朴之感。

罂粟花形似一口钟，基本色是白色，花朵上有紫色、粉红色、深红色、猩红色或红宝石色等色彩混杂在一起。在阳光下，绚丽多彩的花朵在细长的茎干上，摇曳生姿，清雅艳俗，确实相当漂亮。只可惜，这种美丽的植物并不供给人们生存所需，而是将其带入痛苦和堕落的深渊。她们娇美可人的姿态，就像风华绝代、身怀绝技的美女蛇，诱惑着无数人为之神魂颠倒；但同时她们又像是吸血鬼的化身，人们的灵魂被她柔美的嘴唇吸取。

采集鸦片并没有想象中的那么容易。在收获季节里，罂粟细长的茎干上会结满上千个直径二英寸的球状罂粟果。采集时，农民必须用小刀将这些罂粟果逐个割开，口子的大小要适中，以便使乳白色的汁液慢慢往外渗透。不出两天，这些汁液就会氧化成棕黄色的膏状物，这就是鸦片的前身，也正是农民最终要采集的东西。一英亩地的罂粟产量极少，最多只有几磅。果实采集结束后，罂粟的茎干会渐渐地干枯成白色，看起来就和丢弃的响尾蛇皮差不多，除了能拿来做燃料，别无他用；罂粟果的汁液被取走后，只剩下一个空壳，但这倒有些实用价值，农民们不仅能将其磨成食用面粉，还能榨油。

前面提到的那种还未提炼的膏状物，本来就是一种有毒物质。它常被一些不堪忍受虐待的妇女用来自杀。在陕西武功县时，每天都有一些受尽苦难的妇女挣扎在死亡的边缘，等待着我们的布道团前去抢救。当她们要彻底告别痛苦不堪的生活时，鸦片是她们所能找到的唯一的毒药。一名邻省的记者，曾记录下这样的情况："鸦片价格的持续走高有助于降低服用鸦片自杀的人数。鸦片的吸食剂量达到十丸时，才有可能使人丧命，但对于很多试图以此自杀的人来说，根本无力购买如此昂贵的鸦片，所以他们不得不放弃。鸦片丸的成分也并非纯鸦片，里面还掺有马蹄和皮革，现在，卖价为十个铜板的鸦片丸里鸦片只占三分之一。"也就是说，无人能承担十美元的自杀费用。那里的仆人月收入只有八十美分，这笔钱还需用以日常基本开销，所以他们根本没有多余的钱拿来购买分量足以致死的鸦片。

现在，中国绝大多数地区都在迅速地扩大鸦片的种植面积。其中，以一些内陆地区尤为突出，鸦片种植逐渐发展盛行，因为运输成本较低，连绵的大山也阻挡不了鸦片运往山外的商业发达地区。尽管那里的山路蜿蜒陡峭，但通常只需一个苦力就能翻山越岭，将一担一百三十磅的鸦片，挑到几百英里外的鸦片贸易市场，并以每磅二到十美元的价格卖出，而人们支付给苦力的工钱，完全可以忽略不计。不过，并不是所有大山里的商品，在运往山外市场时都能像鸦片一样，有如此之低的运费。比如食品，其运费就要高出鸦片很多，因此，它只能就近出售。在许多内陆省份，如西南的云南、贵州、四川或西北的陕西和甘肃等地，农民仅能往那些商业发达地区运输一种商品，那就是鸦片。美国人在华盛顿时期也曾有过相似的经历，当时，阿利根尼河岸地区的居民，将唯一能销往沿海低洼地带的剩余玉米运往那里，以此来满足人们对威士忌的旺盛需求。一九七八年，联邦政府立法征收酒税，宾西法尼亚农民表示不满，发动了“威士忌叛乱”。在中国，政府的禁烟令也同样遭到了部分农民的抵抗。

慈禧太后颁布禁烟令之际，在内地一些省份的乡村，有一大半土地早已被用来种植鸦片，其规模之大，使庄稼地所剩无几。粮食产量的严重不足导致日常消费品的价格居高不下，劳动人民时常处于食不果腹的境地。因为鸦片种植的较高回报率，使人们将大量财力投入其中，由此产生了一些与之相关的行当，如土地出租、抵押等。许多农民就把自家的耕地出租给那些种植鸦片的人，这给他们带来了巨大的不幸。美国国会曾颁布过两个法案，即禁止西部玉米和南部棉花的种植。这和清政府禁止种植鸦片的政策十分相似，既不复杂也很容易实施。当然这只是表面现象，大部分人并不看好清政府的执行能力，他们认为无论在当下，还是未来，腐朽无能的清政府都不可能将鸦片种植业彻底禁止，毕竟，农民的大部分收入都来自这个行业。

如果要对禁烟令执行的过程进行一番具体的描述，完全就像在讲一个不可思议的离奇故事。种植鸦片的农民们听说县令要严格执行禁烟令的消息后，全都跑去找县令求情，跪在县令跟前，苦苦哀求县令再宽限些时日，好让他们完成这一季的罂粟种植。县令看到眼前的阵势，自然会想起身为父母官怎能不顾百姓的生存，只要他不是彻底的改革派，也不担心失去官职，一般都会放下之前的坚定，答应百姓的要求。不过在这以后，一定会有不少钱财暗中流入县令的腰包。当然，在其管辖区域，县令敛财的途径还有很多，因此，这名县令的实际收入，远不止表面上看到的那些。

如果官员贯彻禁烟令的力度并不强，农民们便用一些变通的方法来应对。他们会在一些较隐蔽的地方种植鸦片，如远离主干道的小面积农田、河谷土坡或墙壁和树林的背后。为了不让罂粟的枝叶和花朵引来官派巡检员的注意，有些农民不惜把它们剪掉。当然，有些时候，农民只有拿钱财去讨好这些检查的官员。不过，农民们的对策并非一直这么温和，当遇到由地方行政官员亲自率领的大队伍，正赶往非法种植地，并预备铲掉那些罂粟时，好几个村子的村民便会集合在一起，拿着镰刀、钩刀、铁叉，用武力抵御官员众人，完全不顾及抬着官员绿色轿子的是四个壮汉，对方又人员众多。在我们到达陕西武功县前，当地农民就在和官员的冲突中，取得了胜利。其中有一位吃尽拳脚之苦的长官，在一座寺庙躲避时便宣布：从现在起，农民可以毫无顾忌地种植鸦片，他再也不会对此进行干涉。

一位高级官员来到甘肃省某个地区，督导铲除罂粟田的工作。当地民众闻讯后，聚众来到这位官员下榻的旅店，对他进行围殴。这位官员险些命丧当场。可是，几周后，聚众闹事民众中几个带头的被官府抓了起来，并且在经过审判后，被判处了死刑。有了这样的前车之鉴，农民们只好忍痛铲除掉自己田里的罂粟。在浙江省温州一带，地方行政长官正在指挥一千名士兵，对农民种植的罂粟进行铲除破坏。这时，一帮农民前来保护自己的劳动成果，双方发生了激战，参战的农民大约有二千人，结果兵民两败俱伤。紧接着，三百名士兵乘坐快艇火速赶来援战，很快，农民的反抗就被瓦解了。

在临近山西太原的某处，有一个姓孔的人，酒后壮着胆子敲打着锣，沿街叫喊，扬言要杀尽不种罂粟的人。可是，当官府闻讯赶来捉拿他时，孔姓人却早已望风而逃。在县衙里，几名妇女恳求长官允许他们种植罂粟。地方长官意识到事态的严重，遂向该省的总督寻求帮助。总督决定派出三百名士兵进行援助。当带队长官到达目的地后，眼前的一幕让他十分震惊：村民们拿着形形色色的家具当作武器，挡住了士兵的去路，与士兵形成了对峙之势。带队长官于是下令士兵向民众放空枪，以威慑这些农民。可是，一片枪响之后，民众不但毫无惧怕之色，而且还发出了阵阵嘲笑声。于是，带队长官下令发射实心弹，百姓们应声倒地，有些人被命中要害，有五十五名农民在这次事件中毙命。当人们反应过来时，在场的所有人都被那些倒在鲜血中的人惊呆了，双方都没有想到事态会发展到这个地步。要知道，在中国，政府批准的每年发给一个士兵用于实战的子弹只有十发，再经过层层盘剥克扣，最后发到每个人手里的大概只有三发。

在一般情况下，对于鸦片种植者的处罚，不外乎罚钱或是没收土地两种，不会有人因种植鸦片而被处死。但是，总会有些例外：有些鸦片种植者为了保护鸦片跟官府对抗，于是被抓了起来，并经过审判后被判处死刑。他们视为珍宝的鸦片田成了刑场，鲜血溅满了盛开的罂粟花。在这些农民眼中，公共利益根本算不了什么，远没有他们的罂粟重要。

禁止种植罂粟是北京中央政府的决策，因此贯彻禁烟令时，那些直属中央政府的高级官吏往往更积极，他们要比那些地方官员用心得多。因为，如果高级官吏在禁烟过程中渎职，一旦被查证核实，就会被降职、罚款，甚至解职，很多官吏已经因此受罚。政府查办了那些在禁烟工作上失职的高官，然后再调派更有能力和值得信赖的官员填补空缺。和高级官吏相比，地方官吏更容易疏忽其职。因为，法不责众，地方上官员众多，想要进行大面积换人或是撤掉所有人的职位，基本上没法操作，所以，很多小官吏在禁烟运动中表现得非常懈怠懒散。更有甚者，有些官吏本身就是鸦片的吸食者，他们希望保持现状，以便自己可以随时吸食。有些奸猾的地方小官更是借机对鸦片种植者和烟馆老板敲诈勒索，中饱私囊。在蒙骗长官方面，这些地方小官耍了不少的小聪明。一位道台想要亲身下乡视察，看是不是还有人种植罂粟。地方官得到消息后，当即督促那些在大路两旁种植罂粟的农民铲除自己的罂粟，以期瞒天过海，使上司在大路上看不到罂粟。然而，这位道台显然识破了地方官吏的手段，特地挑了条僻静的小路走，结果发现小路两旁种满了罂粟。于是，道台撤了这位地方官的职位。

本地的行政长官在被问到当地的罂粟种植情况时，往往会竭力掩盖真相，说："我管辖的地区没有任何人种植罂粟，也从未见过罂粟。"为了查证真相，那些高级官吏往往会派遣一些社团人员深入农田，去查找非法种植的罂粟。以查禁鸦片为宗旨的戒毒社，就是和政府并肩，合力查禁非法种植罂粟者的组织。戒毒社在这方面不遗余力，取得了显著成效。一旦发现非法种植的罂粟，他们会即刻将其铲除，同样，地方行政长官也会因渎职受到不同程度的处罚。

中国政府决定戒烟，这也得到了外国传教士的积极响应，这源于他们对鸦片的深恶痛绝。在传教士的积极推动下，朝廷于一九零六年九月出台了著名的禁烟令。在此之前的八月，在禁止鸦片这个问题上，七个国家的一千三百三十三名传教士联名签署了一份陈情书，并呈送给了朝廷，后来，陈情书中的一些语句直接出现在了刚颁布的禁烟令中。一名福建的戒毒社成员意识到杜绝罂粟的种植并不容易，于是请求一名外国传教士说："我很想铲除每一株罂粟，可我分身乏术，不能去每个地方进行查禁。负责地方治安的官吏和那些派遣出去的耳目又只知道贪污腐败，借机威胁敲诈农民，这样的话，罂粟之害什么时候才能除掉？我知道，您下属的传教士遍布本地各处，因此想请您帮忙汇总他们所在地的鸦片种植情况，然后告诉我。我再根据您提供的信息到各地去铲除罂粟。"很快，这名传教士寄了一封信给外地传教士，一百多名传教士依次看到了这封信。由于对鸦片的痛恨，这些传教士不会被收买。对他们而言，要想摸清所在地的鸦片种植情况，简直是易如反掌。在以后的岁月中，这些传教士意外地发现，他们竟真正参与了中国政府的内务。不过，这也是仅有的一次。

封锁线越完整，越能激发人们逾越封锁线的能量。随着禁烟战斗的逐步胜利，鸦片的价格也在不断攀升，比之前翻了几番。农民私自种植罂粟越发小心谨慎，计划周详。去年，四川上演了最为滴水不漏的种植计划。两年以前，罂粟种植之风席卷了四川，当地食品的价格贵得惊人，已经到了无以复加的地步。总督尽职尽责，在禁烟运动中已经把全省绝大部分的罂粟铲除干净，只有一个地方漏网，那就是远离总督府的奉节县。去年，奉节县境内可耕种土地面积的五分之四种的都是罂粟。后来，鸦片价格飞速飙涨，已经达到了以前的五到十倍，县内的农民都一夜暴富。

奉节县农民种植罂粟的计划非常周详，具体实施过程如下：元月，在重庆居住的道台听闻奉节县农民不顾禁令无视法规，私自种植罂粟，便带领军队开赴该县考察。道台罢免了该县的行政长官，并处以相当于七千美金的罚款。而后，道台下令让士兵们四处搜索，铲除罂粟。

不过，农民们对此早有准备，他们已经用土把罂粟刚刚冒出的嫩芽掩埋起来。士兵们也受到了指使，即使发现了罂粟，也只是在罂粟顶端轻轻地割，而不是从根部把罂粟彻底铲除。就这样查禁了一周，道台一行认为禁烟已经取得了圆满成功，就带领军队撤离了。农民们立刻把掩盖在罂粟嫩芽上的土给拂去，以使罂粟能够顺利地生长。为了掩人耳目，避开官吏的盘查，农民们又想出了一个办法：他们在罂粟的行间里种植了其他粮食植物，比如大豆、小麦等。然后，农民们的当务之急是考虑如何应付新上任的行政长官。可是，新任长官一边敲诈勒索农民，一边按上司的指示行事。他煞有介事地对农民说：根据禁烟令法规，私自种植罂粟是违法的。他会在六月份亲自去所辖地区进行考察，一旦发现有人种植鸦片，将没收种植者土地并重罚土地拥有者。事实上，他心里明白：到了六月份，那些罂粟早就成熟，已被收割完了。

不过，上述的骗人伎俩只能蒙骗道台等这些上级官僚一时，很快就会被看穿。总之，鸦片种植已经不可能继续下去了。这一点也有事实为证：四川在过去几年中，罂粟种植范围之广，产量之大，是其他省份所不能比的，一度占到全国的三分之一。现在呢，这里百分之八十的罂粟已被铲除。面对这种情况，鸦片在市场上供不应求，价格急剧上涨也就不难理解了。河南的鸦片价格在一年内连续翻了一番，甚至超过了白银。去年，山西太谷因没有种植罂粟，导致鸦片极度匮乏，价格上涨到白银价格的二点五倍。吸食鸦片的地主人家认为在未来很长一段时间内，鸦片的价格不会有所回落，求大于供是不争的事实，因此囤积了足够他们吸食三年的鸦片。在山西某地，鸦片的价格比去年翻了六番。在陕西西安，鸦片的售价比去年高出三到四倍，达到每盎司售价五十美分。更有甚者，在四川德阳，由于人们没有种植罂粟，鸦片的售价由两年前的每盎司一百二十个铜钱上涨到每盎司一千六百个铜钱。

不过，还有一个让人意想不到的收获，就是禁烟令实施以后，种植罂粟最多的四个省份的农产品竟获得大丰收。农民有了收成，积极性高涨，开始支持禁烟运动。小麦的亩产量也有了提高，从亩产二十八蒲式耳提高到四十蒲式耳，创造了一项新的记录。农业生产取得了丰硕的成果，外国传教士也从中看出中国社会发展的曙光。粮食市场由于受到农业丰收和粮食种植面积不断扩大的刺激而越发丰富和完善，粮食价格也在渐趋平稳。此时，新型商业也涌现出来。在种植罂粟时期，为了获取暴利，湖北的商人多深入遥远的甘肃，去把鸦片运出来；现在，这些商人更愿意从甘肃运些羊皮、猪毛、驴皮、人发等来赚钱。湖北农民也在农业学校的专家指导下，学会了怎么种植甜菜、土豆、棉花等。福建农民也放弃种植罂粟，而改种着美国农业部提供的良种棉花。

为了在民众中树立积极向上的姿态，将禁烟运动更有效地进行下去，清政府决心清除行政队伍中的鸦片吸食者。清朝统治者认为，官吏就应该以身作则，树立榜样，就像禁烟令说的：如果官吏自己都在吸食鸦片，那他有什么资格来领导底下忠实的民众呢？于是，政府指定了一个期限，责令行政机关中的鸦片吸食者限期戒掉鸦片，如果在期限内没有戒掉鸦片，就必须辞去其所担任的官职。鉴于六十岁以上的官员身体条件的限制，不可能完全戒掉，他们便不被列入此类规定的范畴。这些政令的实施结果超出了人们的预料，多达两百名官吏在指定期限内因为没能戒掉鸦片，不得不被撤职；七名高级官吏，包括两名总督和两名侍郎，在戒毒过程中死亡。对此结果，政府感到非常痛心，不得不对之前戒绝鸦片的规定做一些让步，那些年龄超过五十岁的鸦片吸食者，可以不必戒除，继续任职。

迫于中央政府的压力，许多官吏用说谎来蒙骗过关。没多久，人们发现很多官吏仍在吸食鸦片。他们只是为了保住自己的官位和俸禄，而把吸食鸦片的习惯隐藏起来。于是官吏之间互相怀疑猜忌，揭露告发，这种事屡见不鲜。鉴于此，政府特别在北京和某些省会设立了特别机构，来验证官吏们是否已经戒除鸦片。当然，主要受检的人是那些被怀疑吸食鸦片的官吏。检验过程是非常严格的，机构人员在确保被怀疑者身上没有携带鸦片后，便把他们关进一所生活用品一应俱全、唯独没有鸦片的公寓。一个人是否吸食鸦片，只需通过三天的隔离观察就可证明。被怀疑者只要能在这三天中没有表现出吸食症状，就说明他没有烟瘾。真正的吸食鸦片的官吏是无法平心静气地度过这三天的，没有鸦片吸食所带来的痛苦是无法形容的，最后他们的谎言会不攻自破。一个有了烟瘾的官吏，不管他是总督还是道台，没有鸦片都会让他们痛苦不堪，这时，他们声泪俱下，双膝跪地，苦苦哀求侍者让他们吸食鸦片，好不至于那么难受，这时他们就会原形毕露，什么身份地位，事业前程，全都被抛到了脑后。通过这种检验，位高权重的人和一些王子皇孙都被检验出来而前途尽毁。军队中的军官和士兵因吸食鸦片屡教不改而被杀头，通过这种强制性的手段，军队中吸食鸦片的恶习终于得到遏制。

福州在禁烟运动中取得了可喜的成绩，这要得益于外国传教士的长期影响。我旅居福建时，当地有明文规定：任何人在没有注册和领取许可证的前提下，不准吸食鸦片，否则没收全部财产以示惩戒。许可证的领取并不是随意的，只有那些能够证明自己可以吸食鸦片的人才能领取。那些有权领取许可证的人，必须将许可证的号码公布在特许的可以吸烟的房子上，并且只在此处吸食鸦片。当他正在吸食时，其他人必须回避，不得以任何借口造访。待他吸食完毕后，要把跟吸食鸦片有关的用具全部收拾好藏起来。之所以要这样，是为了孤立吸食人群，打击他们的吸食积极性，以期减少吸食人数。

鸦片也实行专卖，只有持有许可证的商人才有权销售。商人必须对售出的每一盎司鸦片负责，并上交税金，并且不能在鸦片吸食现场进行出售。领取了吸食许可证的人只能购买商人出售的成品，不允许自己制作鸦片，每天的购买量也要符合许可证标注的数量。吸食者购买鸦片时，要符合许可证上规定的数量，专卖商须在许可证上盖章确认。许可证的更换时间是三个月一次，被允许购买的鸦片数量会随着换证的次数逐渐减少。吸食者购买鸦片后，在前往吸烟地点的路上，要把鸦片托在手上，让路上的行人看见，不能用纸包着藏起来或放在兜里，也不能用手攥着。以现有的吸烟用具已经足够那些吸食者使用为前提，无论是谁都不能再制作并出售新的吸烟工具。禁烟运动的成果越来越显著，吸食鸦片的人越来越少，那些吸烟工具也因不断被烧毁而变得越来越少。鸦片对社会毒害的基础也越来越薄弱了。

在林则徐的孙子的领导下，福建创立了许多戒毒社。这些戒毒社以铲除鸦片为宗旨，和政府并肩作战，联系紧密，政府赋予其成员可以进入任何场合搜查鸦片而任何人不得阻拦的权力。每天晚上，戒毒社中维持治安的机构都会带着官兵，沿街巡逻，遇见那些非法出售鸦片的人和吸食鸦片者绝不手软。有时候，那些不法分子非常大胆，公然袭击戒毒社那些巡逻的人，有些人被伤得很严重，尽管如此，他们也就有就此放弃的了。戒毒社收缴了大量吸烟用具，有些是成功戒烟的人自觉送来的，有些是人们在巡逻的时候没收的。等这些烟具达到一定数量之后，戒毒社就把这些用具在人多的地方成堆摆好，然后当众烧毁，以此来庆祝戒烟运动取得的成果。这种公开销毁烟具的活动，截至目前，戒毒社举行过十一次，有二万五千件吸烟用具，包括吸烟片用的烟枪、烟灯，还有一些碗碟。所有被收缴上来的吸烟用具都被销毁了，有些烟枪非常精美而且珍贵，于是一些古董商人想花重金买下来，还是被戒毒社拒绝了。

经过以上种种不懈的努力，福州的禁烟运动成效显著，销售的鸦片锐减五分之四，被批准可以吸食鸦片的人也逐渐减少，剩下不到刚开始时的一半，这些人大部分是底层的老百姓。对于烟片吸食者，戒毒社只给一次机会办理登记，此举杜绝了再有新的人去吸食烟片。经过这一番彻底的整治，福建的戒烟运动成效显著，离扫净鸦片的日子不远了。

福州的禁烟措施非常彻底、得当，因此在这次禁烟运动中，其成效领先于各地。在其他地方，禁烟运动实施力度非常有限，仅局限于对鸦片的销售和烟馆的整治。这边官府的查禁刚刚结束，那边烟馆老板马上就私下里将烟馆改头换面，重新开张了，鸦片泛滥的势头仍不减当初。事实证明，像这种一阵风似的方式对于禁绝鸦片根本起不了什么作用，只有借鉴福建的办法，限定鸦片的销售，同时施行发放鸦片许可证的办法，才可以有效地达到禁烟的目的。

在禁烟运动的过程中，发生了许多让人意想不到的事情。在安徽省，有位长官在夜晚扮成一名苦力外出私访，出人意料的是，走访的八家烟馆都堆满了吸烟片。他当场处罚了这些烟馆老板和非法吸食鸦片者，老板被打了三百大板，吸烟片的则被打了两百大板。第二天，所有营业的烟馆全部关门谢客。厦门在禁烟运动中采取了突击检查的方法。长官会不定时带人到私人住所、商店等地方检查，让那些正在非法吸鸦片的人措手不及。非法吸食者一旦被查获就会受到重罚，吸食工具也会被销毁。在湖南某市，有十家烟馆在禁烟运动中顶风作案，无视法规，重操旧业。一天夜里，地方长官派遣手下突然来到烟馆进行检查，结果店主被抓，在大牢中受尽了煎熬折磨。商店也被拍卖，拍卖所得全部充公，用于完善学校和官兵等公共事业。

两年前，一份由戒毒社创始人提交的报告中说：“在禁烟运动中，某城市被查封的烟馆有七千多，其他城市中也有两三千，其他城市也有上千的烟馆被彻底铲除。在全国范围内，共计十万个城镇参与了这次禁烟运动，被捣毁的聚众吸烟场所高达一二百万。”

政府在禁烟运动中向人们展现了自己在这一活动中应尽的职责，如今，在中国很多大城市，禁烟已经成为公众讨论的话题。这一良好氛围的形成，主要得益于随处可见的禁烟广告、政府官员对乡绅的影响力、社会人士的宣传、官办高校的普及以及各大报纸的推波助澜、外国传教士的积极推动等等因素。总之，人们开始认识到吸食鸦片有害无益，也不再跟风去吸食，更不会盲目地去培养这种恶习了。大部分人已经意识到鸦片的危害，这使得那些少数吸食者处境非常尴尬，以至于觉得无颜面对众人。中国人非常爱面子，因此，让吸食者当街捧着鸦片，并戴上贴有许可证的大木牌，这种充满羞辱性的做法，显然是非常可行的。这是一种针对中国人的非常有效的方式，而且还会在青年一代中形成的一种意识，那就是鸦片这种东西无异于毒蛇猛兽。

这场在中华大地上开展的禁烟斗争中，无数团体前仆后继，让人感到无比震惊。想想看，在这场战争中，罂粟种植者、烟馆老板、烟商和烟客为一个阵营；少数人的改革家和进步家为另外一个阵营，他们认为，如果不制止鸦片继续毒害国人的身心，中国迟早被别的国家奴役。这场斗争是少数人的爱国心和部分人对暴力的贪婪的较量，在美国，就禁酒和雇佣童工的问题也曾出现过类似的斗争。通过禁烟运动，国内民众由过去的麻木无知，发展到现在的觉醒向上，他们有了共同的目标，变得越来越团结。有的人已经意识到社会道德的重要性，公共舆论的作用越发显得举足轻重。数百万的人开始思考公共利益这样的问题，官吏们也放下身段，走到乡绅、商人、族长中间，向他们讲述要伸张正义，敢于直言。

这大大出乎了政府的预料，本来清政府计划花十年的时间使国人摆脱吸食鸦片的恶习，可这些决策制定者怎么也没想到，禁烟运动从一开始就得到国民的广泛支持，他们更没想到的是，这一活动大大激发了民众的爱国情绪，事态不断朝着好的方向发展。禁烟五年来，全国的鸦片减少了百分之六七十，这一成效已经远远超出了预期。不过，禁烟领导者并不满于现状，他们有更高的目标，即将全国鸦片产量减少百分之八十。鸦片产量的减少必然导致价格的上涨，现实是高得离谱，这就迫使百万计的鸦片吸食选择戒绝吸食鸦片。

随着国内种植罂粟产量的不断下降，中国市场上从印度进口的鸦片占比重逐步上升。一九零七年，印度出口到中国的鸦片五万一千箱，重达三千四百吨。经过协商，英国政府同意，在一九零七年至一九一一年间，将输入中国的鸦片减少到原来的十分之一，也就是每年五千一百箱。英国政府还保证，只要中国政府也在本国减少同等比例的鸦片产量，他们愿意以相同比率减少印度向中国输入鸦片的数量。

英国下议院于一九零六年五月通过了一条决议，即印度输出鸦片的做法有违道德，希望政府能够采取手段制止印度的鸦片贸易。一九一零年五月，英国国民提出这样一个问题：中国政府表示要缩短继续从印度进口烟片的期限，英国政府是不是应该给一个正面的回应？结果，英国负责印度事务的副部长回答说：期限问题是双方早就达成的协议，英国政府无意变更。这一回答显然让英国国民非常失望，非常气愤，他们将一九一零年十月二十四日定为国耻日。这一天是《天津条约》实施第五十周年的日子。英国国民希望用这种戏剧化的方式迫使政府放弃鸦片贸易。没想到，这直接刺激了中国国民，他们在中华大地上展开了一场新的革新，北京成立了一个可以领导全国的戒毒社。

中国政府曾被迫与英国政府签订条约，规定中方必须履行从印度进口鸦片的义务。如今中国在很多重要的决议案中要求英国将上述规定作废。中国政府肯定地说，现在危机正充斥着中国的禁烟运动。中国官方将农民们经营的小块罂粟铲除了，外国商船却满载着鸦片在中国各个通商口岸自由航行。这不但使得农民们愤怒，他们甚至想要组织起来一起反抗英国商人。

中国国内不断增长的压力迫使英国政府作出了让步。于是在一九一一年春天，一项新的协议在两国政府之间达成。英方在协议中同意向中国交纳更多的鸦片关税，对于中国政府禁止种植罂粟或者禁止输入鸦片的省份，英方保证是不会将鸦片输出到上述地区的。英方还表示：如果中国政府坚持禁止国内种植鸦片的政策，那么英方从印度输入到中国的鸦片数量将会减少，到一九一七年，印中鸦片交易也将会被完全终止。英方还说，如果中国在一九一七年前，就杜绝了鸦片生产，那么英方会立即停止印中鸦片贸易。通过达成的一致协议，中西方的紧张关系才慢慢地出现了缓和。

西方人有一个生活的信条，他们认为在一个有组织的社会中，大局是不会受到不良的个人习惯影响的，人们可以完全将其忽视不管。然而中国人抵制鸦片的经历却使得他们对这一信条产生了怀疑。长期以来，中国政府都显得很无力，出台的政策都不能很好地实施。如果中国人能够用良好的行为准则约束自己，对鸦片不过度食用的话，那么行为准则就会在之前的社会中发挥很大的作用。而如今的事实却不是这样。假如吸食鸦片仅仅局限在社会中的傻瓜和弱者，或者社会中没有远见和自制力最差的人之中，那么吸食鸦片的习惯就会与人们具有的良好的行为准则有相同之处。它就会成为净化社会的强力因素，将社会的渣滓给清除掉。这样社会中的其他人就可以在一个良好的环境中放心地自由发展。当然这只是一种假设或是某些中国人的愿望罢了。个人要鉴别吸食鸦片带来的危害是不容易的事情。因为鸦片带来的危害就像是蛆虫一样，社会的机体时刻被它由表及里侵害腐蚀着，最终它还差点将中华民族的前途毁坏掉。其实想想，我们美国人酗酒的习惯与中国人吸食鸦片的习惯也有相通之处。如果人们的酗酒行为长期得不到社会舆论的指责，国家也不颁布法律加以限制，而像中国人那样只是对吸食鸦片的人采取放纵的态度的话，那么我们很有可能走上跟中国人一样的道路。中国人吸食鸦片的不良习惯给了我们很大的警示作用，那就是社会机体的致命器官会受到具有破坏性的个人习惯的侵蚀，而一旦发生这样的情况，我们优先考虑的是应该如何消灭它，而不是犹豫是否向它宣战。

第七章　妇女地位的变化

几年前，有一场大规模的武装暴动在中国西北部的甘肃爆发。省会兰州被起义者团团围住，他们见人就杀。农民们惊慌地逃进了城里；身后的小脚妇女们由于跑得很慢，直到城门关闭了，她们还没进城。在城门之外，她们被追上来的起义者杀害。逃进城里的男人们眼睁睁地看着自己的妻子女儿被残忍杀害而无能为力。妇女们也是悲伤欲绝，一时间敲打铁门声、痛苦求救声混成一片。男人们则向英国传教士下跪求助，希望他说服总督打开城门，救救那些女人们。传教士说，城门要是打开了，起义者也会杀进城来的。他还说，你们让女人束脚，现在尝到恶果了吧。

在外交界，伍公使是首脑人物。他常常跟与他交往的美国人说："我们束缚女人的脚，你们束缚妇女的腰，相比之下，谁的问题更严重？"他以此让美国人明白，中国女人束脚是自然的事。美国人听了他的话，回答说："嗯，我们美国女人束腰的后果是更严重一点。"如果我们仔细分析一下，就会发现在美国的时髦女性中，紧紧束腰的女人也就占十分之一。然而，再看中国，百分之九十的女性都必须要裹脚。更重要的是，美国女人是自愿束腰的，而中国女人裹脚是被迫的，她们受到的是一种迫害，也是无助的她们从小就必须要承受的。

广东省的客家妇女没有束脚的传统。而广州家庭条件好的女孩必须要裹脚，我正好在五天前看到过一个。逆着西江水流五百英里的地方，这里的女人没有一个是裹脚的。生活在中国最北方的满族，它们的女人也是不裹脚的。她们长得高大、健康、漂亮，也许就是因为她们保持天足的缘故吧。裹脚并不被认为是迫害妇女的行为，也不是为了时尚。每一个阶层的人只是把它当作必须要遵行的风俗，不管是穷人家还是富人家。在与蒙古边界相接的张家口，我看到妇女是跪在地上劳动的，由于当地的湿土对女人们的膝盖伤害很大，所以她们将膝盖跪在大垫子上。在甘肃的三个地区，妇女们用膝盖在屋里爬行的情况依然存在。她们本身只是男人们用来取乐的性工具。山西和陕西两地的农村妇女是坐着在田地里挥镰割麦的，她们不能像男人们那样弯下腰，否则的话小脚会损害得更严重。她们走不快，去麦地的路上，必须要坐马车或手推车。大多数的女人从娘家嫁到婆家，之后一生就被锁定在自己的家，没有其他自由了。

一个上午的时间，我们看不到三个女人，但可能会碰到大约上千名男人。一个城镇的女人要想去另一个城镇，必须得有人陪同才行。她们的膝盖很僵硬不能打弯，就如同是用假肢走路一样。在村子周围，只能缓慢摇摆地走一会儿，为了避免跌倒，她们用房墙、竹棒支撑自己的身体，慢慢地走着。美国女人能大步走路，身体重量集中在一条腿的脚趾上，脚会带动身体向前移动，另一条腿膝盖弯曲，就会有规律地向前方迈出去。中国妇女的走路方式与美国女人不同，由于她们的脚趾不能支撑身体的重量，另一只脚只能慢慢地移动，膝盖几乎不会弯曲。所以她们走起路来，摇摇晃晃，就像是用假腿走路一样。她们小腿上的皮肤都是褶皱，肌肉也不发达，像扫帚柄一样细瘦。

我们从中国妇女那里了解到，女人的小脚很受男人们喜欢，他们认为小脚看起来更富有美感。可是，我很不相信这样的事情。比如说，生活在陕西西部的山里人，他们贫穷愚昧，会认为女人的小脚美吗？他们居住在破烂的黄土高原窑洞里，生活环境不尽如人意，到处都是肮脏的地板，被熏黑、结蛛网的墙，纸糊的破窗户，炕上的垫子上还爬满了跳蚤和虱子。主人的饭桌也是脏脏的，掉下去的饭粒成为家禽家畜抢夺的食物。对此，我们不难想象，农民们如此愚昧、落后，他们会认为小脚就是美的吗？答案不是。人们为了生存就得辛勤劳动，男人们不希望小脚女子拖自己生活的后腿。他们需要的不是三寸金莲美的女人，而是能穿上粗布衣劳动的女人。

在中国，我们不必奇怪小脚女人没有持家的能力，因为她们在封建世俗的束缚下，一直受到男人们的歧视和虐待，一切都得按照男人的意思办。所以，在这里，每家都有破旧的被子、地毯、箱子。远一点的地方是农民的小木屋，窗子和闹钟架上都贴着剪纸。然而对于美国女人来说，她们可以让这一切变得干净整齐。中国人不会用白色和其他颜色装饰自己的房间，女人们更不会整理自己的家。这里的家庭吃晚饭与我们有很大不同，他们是把饭盛进自己碗里，心情好的话，就会端着碗出去，边逛边吃。男人不会让女人出门，她们必须待在家里，即便如此，女人也没有持家的能力。

在中国，一个女孩裹脚，可能会流下一桶泪水。中国女孩子从五岁开始就裹脚，直到七岁的时候结束。在这三年中，她们要忍受疼痛，最后脚的前部和足跟会挤压在一起，中间的裂缝中能插入一美元的硬币。立德夫人在十五年前成立了天足会。她告诉我们说，中国的女孩子过着悲惨的童年生活，在残酷的三年裹脚时光里，她们没有欢乐，脸颊苍白，不像英国小女孩的脸颊是玫瑰色的，看起来健康。她们是可怜的孩子，有的小女孩靠在比她高的拐棍上才能站立起来，还有的在大人背上，或是自己坐在地上，她们最美好的的童年在泪水中度过了。立德夫人还说她能清晰地看到女孩们眼下的黑线，深深的，有好几道。脸庞上满是因为裹脚而表现出来的苍白色。女孩们的母亲将一根竹竿放在床边，竹竿就是她们站立起来的工具。可是有的母亲还会用竹竿打哭叫的女儿。母亲把女儿放在外屋让她一个人睡觉，这一点是几乎不会发生的。可怜的女孩要想摆脱这种裹脚的痛苦，只有吸食鸦片或者把双脚吊起来让双脚麻木。

用九死一生来形容中国女孩的裹脚过程是一点也不为过的。一个孔子的后代告诉了我更残酷的现象。他说，山西的一些女婴有的在摇篮中就被父母处死。原因就是裹脚带来的伤害会破坏父母的感情。严重裹脚的妇女们身上很肮脏，也不能很好地操持家里的事情。她们的一生就在炕上度过，不会走出屋子去呼吸新鲜空气，锻炼身体；也不会和其他人交流情感。到了中国的传统节日——春节，富裕之家的女人在小马车里僵硬地坐着，就出门游玩了。

裹脚给中国女孩带来了很大痛苦，可是母亲为了给女儿找个婆家，也不得不这样做。近来，妓女和奴隶是天足，她们是不裹脚的。然而从婚姻角度来说，人们宁愿娶一个驼背的裹脚女孩，也不会喜欢一个身体正常而不裹脚的女孩。如果美丽的新娘被新郎发现是没裹过脚的，就会被婆家嘲笑讽刺，之后被赶回娘家。但是人们却不会责备新郎。不裹脚的女孩只有些许机会做男人的小妾。有的女孩长着樱桃小嘴，眼睛水汪汪的而且还很聪慧，就是没裹过脚。或许也会有年轻的小伙子看上这样的女孩，将那些世俗观念抛之脑后。中国的婚姻是父母一手包办的，儿女没有选择的权利。男方父亲倒是有一点要求，就是儿媳必须和她婆婆一样是裹过脚的。在中国，女孩必须裹脚才能让男方父亲满意。而在文明国家中，这种最严重残酷的裹脚痛苦不会强加在女孩子身上。

近年来，西方文明传入中国，一些有识之士开始主张抛弃旧的世俗传统。慈禧太后在几年前推行了新政，其中有一条是废除旧习。以前的传教士对中国的旧俗持中立态度，现在他们强烈地挑战着旧习。他们在传教宣传时、在唱诗班中都极力反对中国旧俗。裹脚的女教徒来圣坛也会被传教士们反对。有一些思想独立的妇女，她们受了基督教的影响，也开始向裹脚这一陋习挑战。裹脚女孩被大多数的教会学校拒之门外。有的学校虽然会让裹脚女孩入学，但妇女解放的思想却在她们之中广泛传播着。很快，她们也开始思想解放，转向反对保守的旧习了。有的官员和贵族受到一所学校邀请，看了一节学校的体育课。学生们有的跑步，有的做健美操，有的大合唱。学生中有两个裹脚的女孩，脸上是一副悲哀的表情，她们看着其他有着红润脸庞的女孩在草地中欢快地奔跑玩耍。两者一对比，给那些应邀者留下了深刻的印象。于是他们也公开反对裹脚的恶习。去年，政府下令，任何政府创办的学校都不能让裹脚女孩入学读书。可是现在一些官员在五天内就创办了学校，他们自己管理，让那些不能去教会学校上学的裹脚女孩也能读书。

那些不人道的旧俗也遭到了上流社会的强烈反对。妇女们思想解放了，她们不再缠足，开始在脚趾上染红脂，也相互争着看自然美丽的金莲，谁最会先拥有。这就是如今的中国妇女们，她们在比谁的金莲更大。中国的改革者一定要将那些旧俗给消灭掉，同时在改革的时候要把握好一个度。万县位于长江上游，在这里的街头出现了一个不裹脚，裸胸露背的女孩，她身上的衣服几乎要从背上滑落下去。官太太们是不着急放足的，即使鞋袜已经准备好了。她们会一直等到其他夫人们放足了，自己才开始。在一个城镇里，妇女们成立了天足会，目的就是让大家相互支持放足。她们不但自己放足，而且她们的女儿也不会被强制性地裹脚了。父亲们也开始反对缠足，他们要求儿子不要娶裹脚的女孩，这样，不裹脚的女孩将来也能有幸福的婚姻了。天足会还邀请在当地有影响力的官员加入，希望得到他们全力支持。此外，天足会还把西方女式的鞋引进城镇，定期举行集会，散发小册子。他们散发了三十多册文章、声明书、告示、诗歌和传单等。宣传册上的地方方言、普通话和文言文，都是由官员、传教士、医生、自然改革者写成的。

改革者还采取了更科学的方式，即用 X 射线检查女人的脚，通过绘制出来的图，可以清晰地看到裹脚与不裹脚的区别。通过这种医学方式，人们就能明白用绷带不仅给人带来痛苦，也会危害人的身心健康。而不裹脚会缩短妇女寿命的说法，自然也就站不住脚了。裹脚的女人其实就和原始部落的肢体残缺者一样，都是残疾的。裹脚会带来很多后果，对于女人来说是很悲惨的事。如：脚会溃烂、生蛆，人甚至会死亡。所以人们充满激情地开展了反对裹脚的运动。有些宣传的诗歌描写了裹脚女人的悲哀，让人们感动得不禁流下眼泪。还有一首诗被谱了曲，被人们广泛传唱开来。事实上，中国的旧习改革只是在城市和上层阶层之中进行。禁止裹脚运动在许多农村还没有开展，毕竟很多农民还没有意识到。穷人们担心女儿不裹脚，在农村里是会被笑话的，也就不能从新郎家要到更多的订婚钱。在农村里，两家订了亲，对于男方的要求，女孩父母没有理由拒绝。由于有很多限制性因素存在，农村人们拿不定主意，到底该不该禁止裹脚。在福建的一个农村，总督给村民们下了命令，要求他们禁止裹脚。村民虽然也有反对旧习的觉悟，可是人们没有勇气先这么做。

中国的沿海城市受西方的影响很大。这里的中国人会很自信地告诉你，几乎没有女人会裹脚了。可是还有很多裹脚的女人，她们已经成为牺牲品，还没有解放出来。莫里林博士是《伦敦时报》派驻中国的记者，他的报道很有权威。他在华中之旅结束后，抱着慎重的态度写道，在满清帝国，八岁以上且仍受到裹脚迫害的女孩占到百分之九十五。依我看来，他的估计有点高，如果说中国还有百分之七十五的女孩仍在裹脚，我是不会怀疑的。我们也可以这样理解，现在中国难看的、畸形的、疼痛的小脚有七千万双。这都是那些男人眼中所谓的美。有人预测，裹脚这一陋习消失，大概要一百多年的时间。西方文明进入到日本三十四年后，仍有很多已婚妇女保留着将牙染黑的旧习。这在以往表示女性想要吸引男性的注意。

裹脚只是中国妇女受约束的一个方面。

在七月的一个早上，天气很闷热。我碰到了一对官员夫妇，他们是坐轿的，后面还跟着一个苦力。他用竹担挑着两个小箱子，并且都用布遮盖着。两个五六岁的小孩子，被装在担子两头的箱子里。我发现小男孩的箱子有一扇小小的窗子，还是打开着的，他可以呼吸新鲜空气，从中看看外面的行人。小男孩的妹妹在另一个箱子里，上面的窗子被布蒙住了。只因为她是女性，所以就得在闷热黑暗的箱子里待着。这就是中国典型的重男轻女的风气。中国女性的悲哀体现就是不能随便在公共场合露面，不能受教育。

在山西省，我路过小店的时候碰到的女性都是当奶奶的人。其他女性看到有人来了会马上回到自己的房间。她们认为被别的男人看是很羞耻的行为。在炎热的夏季里，只有到了黄昏，村妇们才走出房间，坐在门前的草垫上一边做针线活，一边呼吸凉爽的空气。如果有外国人路过她们门前，她们会急匆匆地往房间里藏，使得院子里的鸭子嘎嘎乱叫起来。就连九岁的小女孩，发现有男人看她，也会立刻往屋子里躲。到了收割的季节，家家户户的人都在抢收庄稼，每个劳动力都要去田地。天刚刚亮，就会看到男人们驾着骡马车，母亲、祖母、小男孩坐在马车上去田地里。而在田地里是看不到十到二十五岁的女孩的，不了解中国情况的人会以为她们得瘟疫死了。

在福州，赶上老人们做特别的宗教活动时，宗教首领夫人会出来热情地招待客人，给他们上茶。当然，男人和女人都是分开的，他们各占一个房间。虽说老人们在不同的房间里，但他们还同在屋檐下，这不符合中国的习俗惯例。然而在特殊的时候，就没有什么男女之别了。

我从一个客家人那里知道，丈夫和妻子在公共场合说话，在客家风俗中是不允许的。有一对年轻夫妇走在无人的小巷，丈夫觉得周围没人，就向妻子要花园大门的钥匙。妻子很生气，直接把钥匙扔在地上就进屋了。原来，她的丈夫在公开场合说话让她很愤怒。她责备丈夫说，我们谈话会被别人发现的。

中国的女人永远不会和男人握手。一个绅士想把扇子给女士，他不是直接递到女士手里，而是把扇子放在她一旁，这样能避免与手的接触。在亚里士多德时代，这样的事是常常能看到的。一个不正经的人问孟子："嫂嫂落到水里了，我是否应该伸出手去救她呢？"孟子巧妙地回答说："不伸出手去救是残忍的。"

中国的兄弟姐妹在八岁或者十岁的时候，就要分开不能见面，之后在正式场合才能重新聚在一起。中国的文学作品只有情歌部分还能吸引人。求爱的自由在中国的习俗准则中是不被认可的，它是受到人们责备的。中国女子的模糊照从不外露，即便一个妓女的照片，人们也是看不到的。虽然中国人被美国人的性感紧身裤和内衣广告震撼了，但是传教士夫人们也不会将我们白人女性袒胸露背的照片给中国人看。中国人从我们的裸体雕像艺术、戏剧海报和芭蕾舞中有了对西方女性的认识，我们也是能想象得到的。

中国的习俗准则虽说限制了女性，但也可以说保护了女性。世界上任何地方的妇女都没有她们端庄、贞洁。通过对照男女各自的指责，你会发现那些束缚限制女性的律法的根本出发点是男人的利益，而不是以社会或民族利益为重。中国的文化是为男人服务的，代表的是男人们的意志。在中国汉字中，我们也能清楚地看到女人被男人蔑视的现象。三个女组成的“姦”字念奸，意思是奸谋；“屋檐”下的女人——安是安静的意思，但这代表的是男人的安静。中国人认为世界上存在善和恶，阴和阳。黑暗，寒冷，幽灵，女人等等都是阴。社会少了女性是不行的，但地位低下的她们，却被社会掌握着命运。儒教徒说妇女不能受教育，否则会带来危险。因为受了教育的女性，会提高自己的地位，男人的影响力就会受到冲击。

中国路旁的牌楼或者用来装饰的石门，是千百年流传下来的最美丽、最富有特性的艺术品。通过它们我们理解到，当时有的女人也有一定社会地位。订了婚的女孩在出嫁前，即使她的未婚夫死了，她也必须守寡，时间久了，人们就会给她立贞节牌坊，表彰她的忠贞。相反地，男青年丧失了未婚妻后仍选择单身，人们不会这样纪念他。我认为这样的忠贞不是高尚，而是说明女人的软弱、社会的荒谬。几个世纪以前，中国人就认为寡妇应该陪同丈夫一起死，因为女人应该为男人献身。中国人从不认为鳏夫应该为妻子殉节，因为男人为女人献身是不必要的。这就是当时中国男人们的道理。

不守贞洁的女人，会被石头砸死或者淹死、吊死，同样的惩罚却不适用于男人。他们认为的道德是大家都应该遵守的。所以在公众眼中，一个男人对妻子不忠了，妻子可以狠狠地责备自己的丈夫，她也不会为此而挨丈夫的打。

在某个班级里，中国学生从外籍教师那里了解到，美国的女孩是可以拒绝她不喜欢的年轻男孩的。中国学生感到不可思议，男人被女人拒绝，那男人可就真没面子了。他们接受不了这样的事实，认为女人不能拒绝男人。

有的官员刚进入仕途，在别的地方执政，如果夫妻感情不合了，他就会把妻子赶回娘家去住。之后，他再娶一个新的妻子，没有人会反对，人们认为这跟他的品德好坏没关系。可是被赶走的妻子却不能再嫁他人。即使他们分离再长的时间，女人必须做到对丈夫的忠贞这一职责。中国法律规定男子只能娶一个妻子，当妻子生不出男孩时，男人就可以再娶一房。然而有三五成的男人自主地娶二房，纳上一个或几个小妾，甚至有的男人先纳妾后娶妻，因为他可以自己决定娶妾。

炎热的夏季，生活在墨西哥湾诸州的美国人只穿衬衫出行。在中国的华中和华南地区，很多男人只穿一条短裤就出门。女人们不能穿成男人那样出门，只能在小巷和低矮的房屋里待着。虽然房间里既不通风，又十分闷热，可是她们必须忍受。我无法用笔墨来形容她们所受的痛苦。如果你看到一个打网球的中国女孩，她露出手臂到肘部的部分，就会被认为比任何女人都露得多。

男性的教养并不是为了取悦女人，而女人的教养，包括裹脚、僵硬的步伐、头发梳妆、针线技巧、天真无知、顺从，都是为了给男人服务。金属盒子即使是特制的、装满了糖果，光彩耀人，也不如一个新娘吸引人。女人结婚的时候，全身上下都要打扮一番。她会带上所有的首饰，把脚裹到最小，修剪指甲、涂抹脸庞，往头发上打油。打扮好的新娘就像是用黑木料雕成的摆设一样直板和复杂。在客人们的审视下，女仆牵着她的手，她把头低下，脸上是一副僵硬的表情。

有些女人是干苦力活的，有的划船，有的挑水、扫地，还有的烧火。她们没有那么多顾忌，能自由地出入公共场所。对于那些有地位的女人来说，封闭的马车，铺上布的椅子才更适合。在墙内，她们度过了一生大部分的时光，而街道和公共场所的生活，她们无法体验。除了亲属以外，她们不认识别人。随着时间流逝，她们生活的圈子也越来越小。她们不能春游、旅游和参加宴会，社会娱乐不是她们的生活所在。最后她们全部的生活就是化妆、抽鸦片、跟仆人聊天、拜访女友。她们觉得生活空虚，精神压抑，很多人患上了严重的精神病。

男人们为他们压迫妇女的行为付出了代价。一些观测家看出，目前中国上流社会有两种恶习：吸食鸦片、赌博。这两种害人的东西，我们是很厌恶的。中国男人过着空虚的生活，所以他们在鸦片和赌博中找到充实。一旦沾染上这两样东西，就很难戒掉。它们惩罚了压迫妇女的男人们。能维持基本生活的贫困人家，也会威吓他们的女人裹脚。在上层社会中，女人被禁止出现在公共场合。其实，女人与异性纯真交往，会给人带来新鲜感和迷人感。中国男人不知道这个道理，所以为了放松，他们就抽鸦片和赌博。同样，女人们也是在这两样害人的东西中寻找满足。

平民对异性的观念有着基本一致的看法。有许多女士在南京的公开展览上露面，我看到她们穿着小巧精致的丝织衣服，她们细小的身躯还很虚弱。我为此感到十分震惊。中国男人比日本男人高大许多，而中国女人的身高与美国十四五岁的少女差不多，看起来还不如日本女人个子高。女人们的细小虚弱到底是因为男人们喜欢这种骨感娇小美，还是因为她们裹脚，行动受限，缺乏锻炼身体？对此，我不能准确地判定。

中国的家庭注重尊敬老人长辈，男人们则不是能决定家里的所有事情。如果妻子产下一个男孩，那么她的地位就会被抬升。她们这种地位上升，会引起印度和波斯的妇女嫉妒。子女们会像尊敬父亲一样，虔诚地对待母亲。家庭辈分更高的女人是祖母，在管教孩子方面，她有着和丈夫相当的权威。中国妇女在三从四德的恶习下，永远被男人管制，她们的一生在父亲、丈夫、儿子的监护下度过。但也有例外，对汉族女人来说，儿子是要受母亲的监护的。

不管怎么说，“三从四德”这一教条残酷地压制了中国女人的心灵，好比她们裹脚一样痛苦。嫁出去的女儿如同泼出去的水，父母是不再管的，当然还包括女儿的孩子。而上了年纪的父母也不会受到女儿的照顾了。中国官方统计，大概有百分之十到百分之二十的女婴被扔弃或杀死，原因就是因为她们的家庭困难。可是经济再不好的家庭，都不会如此对待男婴。有些穷苦的家庭把女儿送出去，给人家做童养媳。这样他们就不用抚养女儿了。在中国农村，这是十分普遍的现象。所以，在很多地区的家庭中，家里的女孩并不是由她亲生父母养大的。她们早就和父母分离，不受到他们的管制，结婚的时候，她们要离开父母，也不会感到很悲伤。女孩在未婚夫家中成长，被当成苦力使唤。当了童养媳的她们，必须按照夫家的安排、命令去做事。我听说过一件事情，六岁小男孩责备一个不听话的女孩，说她没有把自己照顾好。如果小男孩死了，女孩就成了小寡妇，男孩的父母会卖掉女孩。这时，新娘的价格是最受关注的，其他的事不在考虑之列。

有的女孩是在自家长大，但是从小父母就会给她订门亲事。这个习俗是很不合理的，并会带来很多麻烦。比如说，一个家庭，从小给儿子订了亲。当这个儿子和定亲的妻子结婚后，新郎发觉新娘的大脑患过猩红热且损伤了大脑，反应非常迟钝。他不能接受这样的妻子，就把妻子送回娘家了。如果公众认为新郎的这一行为是违反习俗的，那么他的监护人会被宗教审判，被定罪。他不会受到大家的信任，反而会受到遵从旧俗的人的反对。如果农夫的小女儿和苦力的儿子订婚，也会有这种不公平的事发生。后来女孩受了大学教育，读了医学，成为了一名优秀的医生，但是到了婚期，她就身不由己了。因为不可违背的习俗规定要求她必须嫁给与她从小订亲的男孩。男孩长大了非常无能，连轿夫工作都不能胜任。女孩嫁给这样的笨蛋就等于将自己美好的一生毁灭了。

中国的很多女孩反对早期婚配，但是效果很不理想。对于一个未见过面的男人，女孩是不会轻易地嫁给他的。于是女孩请求父母找一个地位相当的男人。父母却说，我们不能毁弃履行了几年的订婚协议。的确，父母不会听听女儿是什么想法，女儿也一点不了解男方家的情况。

运气好的女孩，通过能信任的专业性的媒婆，可以和一个自己中意的少年订婚。但是中国有句谚语："十个媒婆，十一个说谎。"确定好订婚的好日子后，男方会把女孩的生辰八字在祖宗的供桌上放三天。期间没有恶魔出现的话，那么男方就会与这个女孩订婚。结婚后，双方才能第一次看清对方的模样，知道对方叫什么。他们之间没有浪漫的恋爱过程，没有求婚，没有爱情。

上面说的那些中国女孩会幸福吗？对此，一些英德观察家给出了结论。他们认为中国女孩的婚配也是有好结果的，就像美国人自由恋爱一样美好。他们看到婚后的家庭是和睦安定的，丈夫在妻子做手术时是焦急关心的表情。观察家们从中作出了这样的结论：在妻子受难之时，丈夫的眼中显现着无限的柔情。中国的女孩对她们的生活期望并不高，我们从这推测，看出中国女性比美国人更能适应异性。可以这样说，美国人对幸福概念的理解程度决定了美国人命运。浪漫的爱情、温柔的伴侣和夫妻之间的彬彬有礼，从未出现在中国小姐对优秀丈夫的理解中。她觉得只要丈夫对她好，又有一个可以用一生去爱的儿子，这样的生活就是很美好的。

人的情感是可以自然流露的，如果刻意压制很危险。妻子不能抛头露面，为了家庭的安定必须牺牲自己的自由。她们的情感一直被压制着，不能释放，所以很多年轻妻子就自杀了。有的跳河，有的跳井，还有的生吞鸦片。大量年轻妻子自杀的时候正是要收割鸦片的季节。在妇女之中还发生了很多愚昧而又疯狂的惨剧。很多少妇患上了神经衰弱症，这也说明了中国人的麻木不仁。医生们肯定，感情上的压力和悲伤给妇女们带来了很大伤害，从她们苍白的脸上看到的是痛苦、顺从，却不是幸福。中国女人心里委屈，所以她们会“伸冤”，一个女人实在无法承受压力了就会向苍天诉说自己的苦。我们来到一个茶坊，看见掌柜的妻子站在柜台边，说自己对男人们的看法，很多船夫们听了都是一副难以忍受的模样。在深夜，我们急着赶路，来到了一个小村子，碰上一个女人在向苍天哭诉自己的悲伤。当时村里一片黑暗，全村人都进入了梦乡，她一个人一直哭泣着，她都没发现我们的到来。

有的女婴成为家庭的累赘，母亲不知如何办才好，她们陷入极大的痛苦之中。很多村姑扔弃了她们的女婴，她们在女传教士面前忏悔自己的罪行。女传教士听了她们的话，再也忍不住，就对她们大声说：“你们太残忍了。”受到女传教士的责备，村姑们也表现出强烈的不满，便说：“难道你认为我们不关心自己的女儿吗？新婴儿将夺去他人嘴中的粮食，我们怎么办呢？”后来女传教士对别人说：“从那时起，我非常理解经济压力迫使父母杀死女婴的痛苦。”

中国的新娘是不允许与婆婆开玩笑。新娘在十六七岁时，就被婆婆当成奴隶使唤。丈夫同情她的不幸，但是却不会违逆母亲的意思。妻子产下婴儿后，不能按照自己的意愿来喂养孩子，而婆婆的抚养意见则是她必须要照做的。有的女孩受过基督教思想的教育，不愿嫁到思想落后的人家去。因为她们害怕无知、迷信又独裁的婆婆会错误喂养孩子，或者她们会失去孩子。女孩的这种担心在中国不仅是存在的，而且还会给家庭带来悲剧。有一个女医生，她被一个精神病男人请到家里看病。妻子快要生下婴儿了，而她的婆婆就坐在一旁看着儿媳妇。妻子很伤心，好像她的凶恶婆婆一直在旁边的话，她就马上会死似的。再看她的婆婆，脸上仍旧是严厉和斥责的神情。如果是大势力的婆家，妻子会有更多的麻烦。那么妻子想到的就只有用自杀来解脱。但是，妻子自杀还会被很多人诽谤。有个人说，一位婆婆的儿媳不能忍受痛苦就自杀解脱了。她非但不悲伤，反而满脸愤怒，还抽打死去儿媳的脸。她认为儿媳自杀给她家带来了耻辱，使家庭被人笑话。

西方男性的自杀率比女性高出三四倍，可以肯定地说，有一部分原因是因为两性之间的心理差别。中国的女性自杀率比男性高出五到十倍。我们以此为突破口，可以观察在男权主义占主导地位的国家中的女人幸福问题。在中国，很多少妇和年纪不大的寡妇选择了自杀。少妇是因为过得不幸福而自杀；年轻寡妇则是因为受压迫无路可走而自杀。在她们看来，自杀是最好的解脱痛苦的方式。那些在丈夫葬礼上殉节的寡妇，不再被官方给予荣誉，才过了一百多年。中国男人推崇的三从四德，是女人身上的枷锁，让她们走入绝望的境地，也是迫使寡妇自杀的助力。许多女性被迫选择自杀，深刻地说明了一个道理，就是女性的幸福掌握在那些男人们的手中。

中国女人的世界，不是她们按照自己的想象创造出来的。这是最为明了的情形了。男人从来不考虑女人心中所想，他们只是以自己的口味和偏见来对待女人。女人们的生活就是被男人们自己的观念左右着。女人应该遵守的伦理道德就是由古代的圣贤（男性）主张提出的。这些伦理道德并不能代表真正的公共意识，而只是男人们的看法。也正因如此，那些压迫女性的习俗更加被人认可。即使很多女人通过自己的努力不受男人的摆布，但这只是局部现象，因为整个妇女阶层还是受男人压迫的。伦理道德制度被人们看成是神圣不可忤逆的，加上社会流行的看法和舆论，男人靠着它们就能压迫女人。她们被关闭限制在屋里，不能受到教育，不能出行，不能交朋友，不能与别人说话。她们甚至失去了生活的动力，不能自由恋爱，没有主见，连表达自己想法的机会都没有。

真正让女人被束缚限制、处于从属地位的，并不是单个男人，而是源于男性自私的统治。男性认为他们是人类社会中的强者，认为女性的聪明才智和道德是比不上男性的。所以他们规定了自以为适合的准则。这不仅是为了自己，也是为了女性。

有一位中国绅士，他主张复苏孔教，我与他交谈了一番，得出了上述的结论。我不得不说，中国人有些观点比美国的好，比如说：子女们应该对父母尽到应有的责任。之后我补充了一下，对中国绅士说，你必须承认，美国人对待妇女的态度，要比中国好很多。他反驳了我，认为我说的一点儿也不对，仍坚定地认为西方基督教给予妇女的地位不如孔教给予的更合理。

“女人就应被如此支配，这是为什么呢？”

“因为驾驭女人很困难。你不能告诉他们男女平等。女人才是根本的麻烦。”

“女人受教育的机会被剥夺，就是因为那样吗？”我问道。

“不是这个原因。她们受了教育后会更加难以控制，这才是真正的原因。正因如此，她们受教育的机会被祖辈们减少了。”

“你这样做，是要想所有女孩子都不能受教育吗？”

“我还不会那样做的，教她们读写是应当的。”他回答。

“她们就不能受更高的教育吗？”

“可能如此，但仍必须将女孩的教育和男孩教育区别开来。”

“为什么要这样做？”

“女孩应该学习如何持家的艺术和伦理道德，懂得作为女儿、妻子和母亲的责任。”

“你们只教给她们职责，不教给她们的权利吗？”我问。

“是这样的，教给她们权利根本没有必要。”

接着，这个孔教徒毫无顾忌地把如今在香港街头出入的中国女士指责了一番。他痛恨地说她们跟妓女一样。我反对说："事情就是这样，自由才能给她们带来真正的幸福。"他反驳说："香港的那种女人的幸福是违背丈夫的意志的，家庭的和睦应该建立在个人幸福之上。"

他的看法与古罗马人的观点，也就是李维（Livy）强加于长者加图（Cato the elder）的观点相一致。正如普伦提斯（Prentice）说的那样，男人是人类的主体部分，女人是从属部分。两年前，一个巡抚提议在西安建立一所女子学校，一个老学究吃惊地说道："办女子学校？女人受了教育，男人们会做些什么呢？"

男人们经常的唠叨使得女人们开始相信自己是愚蠢的，是需要被男人控制的。有些中国女人还没有接触到外国人推崇的女权，但她们仍找到了一条解脱的途径——自杀。几年前，九名客家少女一起投入珠江自杀，为的是摆脱包办婚姻的束缚。广东中部有三个地区，在织绣厂工作的女人很多，其中上千名女孩组成了一个协会，专门反对包办婚姻。她们主张和丈夫过新式的生活，有回娘家看望母亲的合法权利。除了某些特定的日子，她们一般不回家。逃跑的新娘被父母设法追回并被送回夫家，她会选择投河或是吞鸦片自杀。所以，如今的父母和地方官就允许她们自由行事了。在特殊的节日期间，新娘出现在夫家，说明她妻子的地位还保持着。丈夫又与一个温顺女子结了婚，首任妻子就成为大夫人，可以管教后进门的妻子。

中国的女人要是能自立了，会做些什么呢？我想象不出。总体上来说，中国的妇女解放并非依靠个人的机会，而是因为外国的影响。其中起了很大作用的是基督教。通过用自己和他人的眼光，《新约》全书都在歌颂和赞美妇女。中国的基督教徒们脸上出现了祥和的目光，心灵上也得到了升华。中国人内心里的道德财富封闭了许多个世纪，一直在内心里深藏着，如今都显露出来了。乡村人认为女传教士是圣洁的，说她们是上帝的人间化身。在女传教士的家里，村民们能聆听到福音，还能寻找到安静和睦。一组女教徒听女传教士讲天堂，听完之后，一个女的说道："如果我的丈夫能陪伴我在大街上行走，就像你的丈夫陪伴你一样，那我就很高兴了。"中国人的观念被传教士们改变了，他们受到基督教的影响知道了如何才是爱自己的女儿。他们开始让女孩们上学，不再包办她们的婚姻。他们还向女儿的求婚者询问意见，看谁能让女儿幸福。女孩有与求婚者见面的权利，或者最起码能了解男方的所有情况。如果拒绝了求婚者，女孩也不会受到父母的训斥和舆论的伤害。

帮助中国妇女放足的开拓者并且推崇妇女解放思想的先锋就是传教士们。早期的学生们从他们创办的学校毕业了，现在都是奶奶辈的人了。三年前，第一班的女学生毕业，她们学的并非宗教，而是顺势疗法护理知识。有一所学校，最初的女学生学的并非是写作而是阅读。学校的老师只教学生读《圣经》，女学生们也记住了很多《圣经》中的内容。她们能将创世纪重新表述，能从第九章跳到第十七章，并且重新朗读的腔调也很完美。在二十年前，自然科学、宗教历史、算术、音乐和地理是学校主要开设的课程。五年前，学校加设了英语、历史。有一所英国人开办的学校，我了解了女孩一天要学习的课程，她们上午朗读《新约》全书，并且解读；下午就学习《旧约》全书的历史。

中国的妇女解放掀起了巨大的浪潮，传教士们对此很明了，他们继续将西方的思想观念在中国传播。女孩子从传教士那里学会了要服从他人。她们的父母说自己的孩子从教会学校毕业后忠于职责，并对教会学校的工作很赞赏，传教士们也很高兴。但是中国男性的敌对方就是那些从教会学校毕业的女学生们。她们没有过错，也许刚开始她们会对立，但是如果她觉得你值得信任时，就会认为你是对的。妇女们被女学生们鼓动，去争取这个或那个权利。女学生一直努力着，其目的就是培养出妇女们敢于抛弃自己旧社会地位的觉悟和信念。有一个女医生，管理着一所女子卫校。她就鼓励学生要与目前的婚姻安排抗争。有一个在教会学校受教育的女孩，她的行为让父母吃了一惊。因为她坚决不遵从童婚协议。虽然她的老师没直接掺和这件事情，但却给了她很大的精神鼓励。

教育的确会将女孩的婚龄延迟。十年之前，师范学校里有很多订了婚的女学生，能受到教育的她们很感激自己的父母。如今许多女孩到了十九岁或二十几岁都还没订婚。我们遇到了一位女教师，她在结婚前教了一年书。在过去的五年中，中国人开办了很多女子学校，女学生们毕业之后走上工作岗位。有的当上了教师，有的当了护士，还有的当上了校长。以前父亲不准女儿上学，而现在女儿能拿到丰厚的薪水，父亲听后，心放得更宽了。

以前人们觉得不活泼、没有生气的洋娃娃型妻子才是美的，如今这种美正淡出人们的视线。人们有了一种新的审美观念。受过教育的女孩子是非常受大学毕业生青睐的，能娶到她们是很自豪的事情。在学校里，男青年会很有礼貌地向女校长打听女学生的文化水平和能力。他会问："她能唱歌吗？会弹钢琴吗？会说英语吗？"在以前问此类问题的是男孩的父母。求婚者过去称呼女孩是"某某的女儿"，现在称呼女孩是"某某小姐"；过去男孩从不主动同他喜欢的女孩说话，因为那时都是双方父母协商决定子女婚事，现在男孩能亲自当面送给自己喜欢女孩，诸如小卡片类的礼物。

旧习俗正在渐渐消失，人们不断地把童养媳和童婚这样的恶习抛弃。虽然男孩向女孩公开求爱的现象还没有出现，但是男女双方可以在父母眼皮下说说话，相互看望或者交换照片。无论何时，年轻人都有权了解他的准配偶那一方的情况。在进步的知识阶层中，父母包办婚姻和童婚的现象已经完全看不到了。有一些受过师范教育的女学生，也能接受包办婚姻，嫁给自己不认识的人。但是她们最想要的是个人的自由而并非浪漫。她们要求父母、丈夫、婆婆给予她们自由，不让自己受习俗的束缚。西方的女性可以自由地生活，这样的观念影响到了中国女性。于是她们像小鸟一样，拍打着弱小的翅膀，想要冲出锁住它的鸟笼。

中国母女间的关系也随着新思想的进入发生了变化。母亲是封建守旧的人，女儿是受过新教育的，因而母女间会产生很多矛盾。一个受过教育的女青年说过："有必要让女儿成为母亲的监护人，并且不断地向母亲提出建议，因为母亲的观念还是旧俗规矩，已经跟不上新时代思想的步伐，两者之间很容易产生分歧。"

在天津、上海和香港，富家小姐们将西方风格理解成为完全的自由，不受任何限制。可是她们不明白我们西方年轻人也会受到一些无法言语的限制。她们觉得自己可以完全能办好心中的大事，但是却忽略了一个重要的事实，就是父母的指导有时会避免女儿做出错误的决定。有的女孩选择了私奔，是为了从根本上得到心理自由，可是这样的婚配几乎都是不合心意的。有个女学生认为，父母给她包办的婚姻不理想，于是她选择了逃避，和两个男孩去了日本。后来她在信中对父母说，她仍未决定跟谁结婚，也不知道爱的是谁。

到了春天，北方的湖水表面还有着厚厚的一层冰，将水里和外界的空气隔离开。人们只要在冰上凿个洞，水里的鱼就热闹了起来，它们抢着呼吸外界的新鲜空气，甚至有些鱼会跳出冰洞，到了冰面上。因为鱼必须有氧气才能存活。同理，中国妇女一直受到落后旧习的束缚，如果外来思想观念能被中国人接受，一些年轻女子也就会向往自由的生活，渴望受到新式教育。她们会逐渐地将封建旧习抛弃。所以说年轻女子追求自由和学习知识是很有必要的。

对于自由和知识，中国官办学校能满足女学生的一些需要，而教会学校却能做得更好。有个中国贵族女医生，她毕业于密西根大学，她对我说，官办学校教给女孩的是准许做什么，没教给她们要追求自由。教会学校教给了女孩们学习新的思想观念，敢于摒弃旧俗的精神勇气。女医生的看法很对。中国女孩虽然受教育了，但是她们并不知道我们美国女孩所受的限制和监护。男青年们也不知道怎样才能认识他们。所以说，这些女孩并不能真正地融入到新的世界。有一个满族女士，她对于东西方生活都熟悉。我问她："如果母亲能允许自己的女儿和男孩晚上骑马，这种可能什么时候能实现呢？"她不假思索地说："一个世纪。"这个回答让我对此很是吃惊。

如果每一代人的母亲思想都不解放，不被人关心，那么中国永远也不会强大，这是大多数思想家的看法。母亲抚养儿子，教导儿子，她们的伟大终于被中国人认识到了。母亲的教育会深刻影响到儿子，如果母亲没受过教育、思想狭隘、受人歧视，她教导出来的儿子必定成为一个性格有大缺陷的人；相反地，儿子会成为一个意志力坚定的男人，这样的人正是中国需要的。母亲的伟大作用最初是被传教士们遗漏了。不久之后，传教士们发现，虽然有些孩子接受了基督教思想，但是他们的母亲没有受过教育，所以这些孩子们还是会受到封建旧俗的制约。

母亲在培养儿子的性格方面发挥着很重要的作用，如果母亲受过孔孟思想的影响，那么她的儿子也会很成功。有讽刺意味的是，即使中国人裹脚并且束缚和限制女孩，但是中国仍出现了很多伟大的人物。传教士们和中国妇女一起工作时，发现她们很有潜在能力，做事很有激情，这一方面无需多言。她们脸上充满了各种表情，有着同世界上的女人一样妩媚的脸色。将来中国的铁路、矿业、贸易能给中国人带来幸福；中国女性的潜力一旦发挥出来，就能给中国带来更大的幸福。它们带来的幸福还没有发挥潜能的女人给中国带来的幸福的一半。

第八章　基督教对中国人的影响

在北京，有一座喇嘛庙，里面的和尚在举行晚祷仪式。在巨大的金身佛像前，香火散发出圆圈状的烟雾，慢慢地上升着。神像祭坛和烛台中间有很多矮板凳，二十个年轻的和尚坐在上面。藏族方丈盘着双脚坐在祭坛上，他满脸皱纹，穿着带有金色浮花的锦缎祭袍。每个和尚面前都有很多羊皮纸条，上面写的是晚祷文，其内容是按照西藏风格写成的。他们朗诵经文时语调很齐整，也很有节奏，让人听起来感到深沉，就像是在听音乐一样。我们由此联想到蜜蜂从蜂巢飞出来时，煽动翅膀发出嗡嗡的声音；人被尖刀刺中时发出的尖叫声；和尚们手中的铙发出的当当声；鼓发出的叮咚声；长号角发出的尖叫声。有一种叫帏的奇异图饰，它也发出悦耳的声音，与其他声音掺杂在一起。

中国某省有一个小镇，是鸦片最盛行、女人裹脚最严重的地方。在这里，我遇到了一位美国传教士，当时他已经加入了瑞典国籍。他的工作与上述和尚们的念经祷告完全不同。工作八年期间，他极大地宣扬基督教，有两百名中国人成为教徒。这些教徒主要是农村的男人们，他们当中有三十名教师，受过中国最好教育的有十二名。很多教徒虽然不是政府官员，却在当地社会有着很大的影响力。当有诉讼案件的教徒向传教士求助时，他才会同那些和善的政府官员拉近亲密关系，否则他是不急于和官员打交道的。传教士严禁自己的教徒抽吸鸦片，有二十名患上烟瘾的教徒被他驱逐了。后来那些犯禁的教徒得到传教士的允许又回来了，他们深刻认识到了自己的罪孽，并保证用实际行动来弥补罪过。教徒们在他的坚决引导下不再赤裸裸地谋杀和抢劫。他信奉的是马丁·路德的宗教思想，至于清教徒式的奉守安息日对自己的教徒没有要求。为了让鸦片吸食者戒毒，他创立了收容所。冬天，有一百一十六名鸦片吸食者在此进行了四到六周的治疗，并且很多人恢复得都很不错。他还创办了一所学校，里面有三十名女孩学习。她们一直受了九年教育。传教士还在中国上层社会中发起号召，成立了天足会，解放了二百名非基督教徒的女性。看到这些，你还会认为宗教就只是单纯地搞仪式的吗？

中国人赞美推崇西方文化，是中国宗教发展水平无力阻止的。因为很多教徒信奉基督教。纯洁、高尚的道德是儒家极力宣传的思想。但从实质上说，孔教并不是宗教，而是一种伦理制度，它只是在文人阶层发挥主要作用。中国的道家文化一开始就具有神秘色彩，后来和最为粗糙俗气的迷信融合。在中国的佛教中，已经看不到释迦牟尼的光辉思想。但缅甸、日本的佛教精神中还保持着崇高、庄严。如今在中国佛教中我们却看不到这些。埃塞俄比亚的哥普特教会和福音书对教义的理解有很大差别。同样，中国人对经典实质的理解也有着很大差别。中国宗教团体名声坏到极点的是尼姑庵。忠实的伟大的传统只有在修道院才能时而被回忆起来。

中国宗教的发展，给中国人带来了数不清的庙宇，它们不但黑暗而且被人忽视。神像是用泥土做成的，它们的表情透露着人们潜意识中对神的崇拜。中国的和尚跟古罗马的占卜官一样，他们给人算命、做驱逐妖魔和葬礼的法事等等，只是为了获得收入。在最现实的实际利益驱动下，那些迷信的人和不虔诚的拜神像的人，也开始了不认真的祈祷。有的树被人们当成神灵看待，人们将自己的愿望寄托在树上的红布上。进入大后门的位置，有用砖石修建的屏幕，人们相信有了这个就可以让妖魔现身，并能将它驱逐走。过路的苦力会在路旁的神龛里烧香，祈祷神灵给自己带来好运。山崖上的壁龛里都有神像或者圣人石雕。献身者将自己的血涂抹在神像的嘴唇上，人看了会很害怕。神像的肩膀显得很突出，上面插着的祭祀家禽的羽毛和古怪的岩石相映在一起。由于很多人来烧香，所以壁龛被香的烟雾熏黑了。船夫出海打鱼的时候，也会在船上烧香，并且杀一只公鸡，用它的血将布条染红，通过这样的方式祈求水神保佑他出海平安和好运。

在苏州，有一座寺庙，角落里堆放着很多破烂的神像。它们是由木棒、草和泥做成的。寺庙附近流传着一个故事，前不久，有一个改革的官员说要和神像决斗，因为他觉得神像不能适应现在的思想潮流了。他的举动引起了很多人的注意。他将绳子的一端系在自己的脖子上，另一端系在大神像的脖子上，然后对众人说：“神像的力量比我大的话，它就会把我勒死，否则的话，我会把它拉倒在地。”官员对自己的力量很自信，于是他一用力，神像就倒在地上摔坏了。此后，苏州就开始流传圣·托马斯的故事。

一千四百名罗马传教士和四千名新教传教士来到了中国，他们影响了中国的宗教。其中有一千名女性，她们是传教士的妻子，所以传教士们并不能一直自由地传教。罗马天主教已有三百年的传教历史，在中国吸纳了近一百万的中国信徒。新教只有一百年的传教历史，不超过两万次的传教活动，但仍吸纳了大约五十万的中国信徒。我没有机会接触罗马天主教的传教士，所以接下来我说的内容大多是关于新教传教士的。

传教士的出现使那些没受过教育的中国人感到很不解。来自地球另一边的人，到中国来只是宣传仁爱，他们不相信会有这样的人。对于传教士们来中国的目的，他们有很多种猜测。有一种说法是：传教士是西方国家派到中国的间谍，收集中国的政治信息，其目的是分化中国人，之后西方列强就可以统治中国。后来人们对传教士的看法有了转变，确定他们是由宗教团体派出的而非政府。还有一种说法是：中国是个富饶的国家，那些西方野蛮人来到中国只是为了愉快的生活，按照他们自大的观点来说，传教士来中国就是渴望得到自己没有的东西。

亚洲信奉回教的地区强烈相信宗教，而远东却不是如此。中国人对宗教事务是不关心的。传教士有时会被一拨中国人袭击，这并不是因为他们有抵制异教传播的情绪。有一部分原因是鸦片战争之后，鸦片贸易在中国盛行、中国被迫开放通商口岸、领土主权被破坏、民族自尊受到强烈冲击等等。中国虽有着很强的忍受力，但是上述因素让中国人再也不能忍受，他们对外国有了排斥的情绪。传教士不在上述因素之列，但是他们是中国人最容易接近的外国人，所以在中国人对西方的憎恨爆发出来的时候，他们最先受到了影响。有一些文人和官员，他们有目的地煽动人们反对传教士。因为他们害怕传教士传入到中国的新思想，会猛烈地冲击中国旧的统治制度和剥削制度。清政府认为基督教是西方强行传入进来的，但是如果西方强迫它给西方在中国自有传教、旅行和居住的权利，它是不能容忍的。它会保护自己的利益和统治，使中国人抛弃传教士带来的新思想。

后来西方的传教士们被中国人了解得更深了一步。中国人明白了传教士来中国的单纯动机。那时俄国人在远东地区侵略中国，掠夺中国领土，中国人将西方人和这些俄国人区别开来，认为西方人不富有侵略性。在过去的五年之中，传教士被大部分中国人谅解，他们之间发展了友好的关系。曾经吸食鸦片烟的人，束脚的女人，现在也很感激传教士拯救了他们。有一个高级官员，在当地一个传教士的陪同下，走访了他的管辖区。两人交谈默契，都对鸦片改革持相同的态度。教会学校应该得到中国人的尊重，这是一些受过新式教育的中国人的看法。他们认为，在很长的一段时间里，教会学校为中国培养出了很多人才，使中国有了更多的能传播西方文化的人。近来，教会学校的教育训练经常受到高官们的言论称赞。他们还用实际行动支持教会学校。在一次基督教活动中，有个省级政府机关也参加了。该机关的二把手和秘书都说，他们也信仰基督教，是基督教忠实的信徒。在中国内地的外来贸易中，白人是不会受到当地人的厌恶的，传教士眼中的官员是既有见识又十分友好的。

美英传教士的工作重点是不同的，这能很明显地看出来。英国传教士主要的工作方向是翻译书籍和宣讲福音；而美国传教士则在医疗和教育方面帮助中国人。在很多较高级的学校里，管理者几乎都是美国人。有十四所新教学院和大学，其中只有一所是英国人办的，其余的是美国人或者美英联合办的。山西大学的校长是一名英国传教士，他说："英国传教士带有英国保守主义，他们大部分人认为宣讲福音使中国人和解就是他们的工作重心，但是却没引导中国人解放思想。对于中国迫切的现实需要，美国人一直努力着从根本上解决问题。他们和英国传教士一样，在教育上花了同样多的时间和金钱。"

社会信念的巨大反差才造成了上述的那种区别。中国有繁荣强大的潜在力量，这是大多数英国传教士担心的，对此，他们不想让中国人的智力发挥出来。人类是民主的，这是美国人坚持的信条，所以他们尽一切努力在各个方面给予中国帮助，让中国向前发展。英国人在印度的大学教育中，用基督教教化学生，但是失败了，之后受教育的印度人发起了抵抗英国人统治的运动。这也许是英国人不关心解放思想的一个原因吧。也有人觉得，英国人与美国人本就不相同，他们是不相信教育能推动社会发展的。

英国传教士和美国传教士一样有修养，有献身精神。但是从中国人的公共信念、法律制度和教育方面来说，美国传教士给予中国的比英国同行更多。他们一直在文化和教育领域帮助中国人。有的社会团体认为，中国人的信仰仅仅靠传教士祈祷的方式改变是不可能的，中国幅员辽阔，西方派不出足够多的传教士到中国来宣传福音。即便是有三四万传教士来到中国，但是言语不通也会阻碍他们的思想交流。再说，中国人的能力和特点是显而易见的。传教士的任务重心是要建立大学和神学学校。传教士管理学校，而受过教育的中国人承担宣讲福音的工作。想要达到传教士宣讲的效果，他们付出六分之一的努力即可。

传教属于前沿性的工作，传教士必须亲自到民众中去宣传福音。如今，一个不同于早期传教的形式出现了。很多学生积极主动地参与到传教活动中。他们的态度正直、手腕强硬、眼光敏锐、说话简明，有极大的热情参加户外活动。中国人的健康和生存，是他们更加关心的问题。他们不会把时间浪费在祈祷上，紧紧地跟着所处时代的步伐前进，培养更广泛的学习兴趣。有一定社会地位的他们，在传教活动中吸纳了很多通商口岸的居民，使居民们成为信徒。新旧传教士都认同信仰、自我奉献和英雄主义。旧传教士或许更有毅力更加坚韧，态度十分谦恭；新传教士则能对中国人新产生的精神更好地适应。或者可以这样理解：新传教士认为仅仅唤醒中国人的信仰是不够的，而中国所有的领域都发展变迁了才是他们所期望的。所以他们将基督教福音传入中国，他们坚信只要不放弃努力，基督教就会影响到全中国。

去年，在福建的时候，我碰到了一位年轻的传教士。我观察了他三四天，发现他在传教活动中，将男子汉的精神深深地体现了出来，这正是进行宗教活动所需要的。他不贪图自己享受，奉献自己，给人类精神层次带来光明，是一个成功的传教者。在福建有三个地区的传教活动需要他负责。每个区都有一名长者主持、二十名牧师和大约三十个会众。他有很多工作要做，如举办祈祷仪式，召集会众开会，对地区的候补会员进行考察等。会众有时会受到他的责备，有时会受到他的鼓励和指导。美国国立博物馆印刷了关于鸟类生活的书，传教士会坐在椅子上，花费很长的时间和大家探讨。村民有时受到老虎的威胁，传教士用了几天时间追踪直至把老虎杀掉，之后把剥下的虎皮送给了教会大学博物馆。他不懂建筑学，但是能容纳二千五百人的大教堂就是在他的亲自指挥下修建的。他还命令人将墙上损坏的最严重的部分修缮好。有一种方能承载四十五个人重量的圆顶也是在他的监督下设计的。他借助朋友的钱还创办了一所学校，里面有五名教师和一百五十名男学生。他还修建了居住区，看起来很宽敞，花了他三万美元。其中一面墙区有九根带有十三世纪特点的柱子。如果午夜时候有枪声从教师宿舍发出来，他会很着急地找官员商议事情怎么处理。他向官员保证不会将此事报告给总领事，同时还要求官员保证不再发生袭击。总而言之，这个美国传教士给人们带来了快乐，被人熟知。他说着中国的方言与他人协商，在对各种情况做出判断后，决定行动步骤，最后组织传教活动。他精神饱满，斗志昂扬，是一名真正的传播基督教的领头人。

基督教过去被人嘲讽是满足精神需求的事物，如今教会工作的成效又被质疑。有个儒家学者说过，人性只有极大提高了，人天生的信仰才会改变。很多基督教徒也是在追求自我利益，他们其实欺骗了传教士。这个学者虽然对基督教知之甚少，但是他的挑剔还是有一定道理的。传教士应该对申请入教的人的特点和地位有一定了解和认识，不能过度依赖当地的福音宣讲者传教。如果他们有什么别的不良打算，传教士是不知道的。事实上，信奉基督教的中国人都被传教士要求贡献力量，能独立发展自己的宗教，而不是得到什么物质援助。人从极端沉闷的气氛中解放出来，是多种因素共同作用的结果，基督教在这一方面没什么贡献。传教士要求人皈依基督教，有着世界性的动机，他们当中有经验的人不会急于让皈依者成为教徒。皈依者能证明自己是虔诚的，这是传教士们都想看到的。有一个传教士说，他最尊敬的成员在复活节期间将罪孽洗刷干净了，之后他就没有了心理上的负担。伪善者是不受传教士们欢迎的。有一个例子可以很好地说明。有一万名新教皈依者和三万名罗马天主教皈依者，在义和团运动中交待自己不是基督教信徒。很多人撕了一张写着耶稣名字的纸，才没有被起义军杀害。

有一种很错误的看法，就是认为传教士只是宣传拯救信仰的。信仰在有这种想法的人身上是不突出的，而在我们身上或在旧传教士工作中却效果更好。同任何其他方面一样，普通的中国人在宗教方面也追求实用。他们认为世界上利益的源泉就是菩萨。他们认为菩萨能让他们恢复健康，能给他们带来好收成，科举能够中第，经商能挣钱，仕途会一帆风顺。他们认为的宗教是能满足他们的这些愿望的；一旦宗教不是他们认为的这样，而只是劝说他们忍受世间诱惑，鼓励他们战胜诱惑，他们会对此很惊诧。他们不满意这样的宗教，是不会接受这样的宗教的。但是基督教徒有着坚韧的毅力；他们能在压迫下还能保持平和心态。他们身上存在的潜能引起了中国人的注意。中国人还认为，他们身上会很快具有基督教徒的那种气质。“如果有了这种气质，内在的生命将是什么样的呢？”

基督教的传入使得中国的思想领域出现了很大的变化。从理想主义能力方面来看，中国人是与我们相当的。至于有前途的方面，我们异教徒的祖先还没创造出来。对于这一点，圣·奥古斯丁抱有肯定的态度。仁爱、纯洁和大度感动着我们，也感动着中国人。同我们一样，他们内心的良好本性也能在福音书中被唤醒。一种新的、更好的生活，就是许多人心中的救世主理想。中国人期待救世主，并不是为了基督教的超自然权威，而是为了进一步和平的需要。

新约圣经能给人带来祝福，使人的精神境界得到提高，还能净化人的心灵。很多人有对不幸的担心、对疾病的担心、对死亡的担心，而新约圣经能使人从中摆脱出来，使他们不受这些担心的困扰。东方的生活和思想仅仅是调解人们精神上的悲伤，西方宗教则将人从苦难中真正地解放出来。我遇到过一些皈依者，他们脸上是高兴的表情，由此判断，他们是受到福音祝福而从苦海中脱离出来的人。

传教士们不但热衷于宣传福音，而且还用实际行动帮助中国人。他们在香港建立了一个幼儿收容所，里面的病房和卧室很干净整洁。一个中国牧师向一个老太太宣传基督教义，告诉她说：当你死了会进入天堂，在那里你会幸福，因为那里没有丑恶，一切都是美丽的。老太太说，她没有进入天堂的理由，认为人世间就很美好，生活很幸福，并不想去天堂。她是一名本性仁慈善良的妇女，为了社会的秩序和整洁牺牲了很多，然而最终归宿她还是很满意的。

决心从封建旧俗中脱离出来的中国人也被旧俗抛弃。吸食鸦片、赌博、不贞节、朋友被罪孽缠绕等一系列旧习，对一些中国人来说已经是不能忍受的恶习。在一些粗人中流行的欺骗、诅咒、肮脏的话语也是被他们所抛弃的。他们会帮助村民诉讼，以免村民倾家荡产。他们被宗族驱赶出来、受到迫害，原因就是他们抛弃了祖宗灵堂和坟墓上举行的仪式。他们皈依基督教，成了带有优缺点的分裂者。虽说他们被旧俗抛弃了，但他们仍然坚持着信念。为此他们成立了很多团体，并且相信这些团体一定能让中国人的精神焕发。

基督教的教义是让人忍受世间痛苦，但是它的地位仍不会得到清政府的承认，更不会成为中国的官方宗教。然而可以肯定的是，仕途有希望的年轻人会被官方鼓励加入基督教的，他们的从政生涯也不会因此受到影响。在传教的早期活动中，一些传教士意识到了让中国人在逆境中忍受迫害的教义不被中国人认可。中国的世俗观念汇集了他们的聪明和敏锐，但是他们却不能将两者很好地在这种观念中体现出来。

有一个事实可以让我们更能对传教士的认识加深。世俗动机引发了中国各地普遍接受基督教的强大浪潮。换句话说，正是因为中国很多人开始接受基督教才造成了基督教在中国的广泛传播。我们也许会有这样的想法，就是中国人会按照自己的意愿集体加入基督教。然而事实表明，这样的群众运动必须有前提条件，那就是传教士在诉讼上的支持、高级官员的赞同、外国的保护。在蒙古的一个地区，有一个传教士积极地宣传福音，从一九零一年至一九零二年，共有两万名信徒跟随他。可是会众们却是自我独立。传教士通过在新入教者中实施教规训练，仅仅选出了一百名忠实者。基督教在这种有人充数的地区，根本不可能取得什么进步。群众运动和基督教快速发展的趋势纵然令人满意，但是却不能真正地使基督教深入人心。只有那些虔诚的人们，才能真正接受基督教传播的精神，而只是一味吸纳很多人，但这却不是明智的方法。

西方的基督教被中国上层贵族和文人阶层小看轻视，认为我们美国人是在欺骗中国人，是令人害怕的野蛮者。他们将注意力从法国传教士身上转到我们美国传教士身上。可是最近他们一味自大的态度也开始改变了，我对此很吃惊。他们对外国人说些什么也有了兴趣。

有的传教士向上面汇报说，中国的文人阶层也有人来聆听福音了，并且会向传教士提出一些尖锐的问题。

中国社会的高层并没有多少人加入基督教，但是中下层的很多平民却成了基督教徒。因此，中国的大多数基督教会出现了一个现象，那就是信教的平民化；此外，教会中也有少数的贵族和文人信徒。在福建有一个小型的传教协会，其主要是在农村宣传福音。里面有二十个农民信徒，其中有四个精神面貌很好的人，有一个还带着“圣约翰”达·芬奇的画像。这些信徒有着很好的素质。十二个家庭各自贡献出一些材料，他们还从三英里远的船上将修教堂的柱子用肩膀扛回来。他们到教堂修成，只花费了二百五十美元。

基督教虽然在西方妇女运动中发挥了很小的作用，但是却极大地推动了中国妇女运动的兴起。中国妇女的迫切需要在于提高她们作为母亲和女儿的地位，而不是获得就业和参加社会活动的机会。母亲的地位没有得到提高的话，那么女儿和儿媳之后还是会被压迫，地位还是低下。

虽然传教士未将妇女权利和男女平等的观念在中国人之间传播，可是妇女的尊严观念仍被女信徒从新约圣经中得到，她们认识到自己有受到尊敬的权利。她们受到新约圣经的影响，相信耶稣，想从事教师和医生的职业。男人也受新约圣经的影响，开始认识到自己以前从没爱过、尊敬过妻子，如今他们用全新的态度善待妻子了。丈夫不再强迫妻子而是和她商量着过日子，并将持家、指导仆人这些家庭事务全部交给妻子去管理。有个丈夫在皈依基督教前只是不把妻子当人看；后来成为了信徒，他会听取妻子的意见，尊敬和爱护妻子了。让他想不到的是，妻子对事情的判断会比他还要好。中国人夫妻之间从没说过爱与不爱，所以，中国男人说他爱自己妻子的时候就会羞赧。即便女婿不被岳父岳母相信受到基督教的影响成为好丈夫，但是也不能否认基督教带给中国男人质的变化。

中国的女孩子在年纪不太大的时候就要嫁到婆家。等到她们的父母上了年纪，她们也不能照料父母。所以女孩在中国家庭是被轻视的。有一个中国绅士对我说，有百分之十的女婴生下来就会被抛弃。有八个女孩被一个母亲扔到河里淹死了。还有一个女人，她恨她的丈夫，因为丈夫把三名女婴卖掉了。针对这样的情况，基督教向人们传播了一些新的和有效的教义，使皈依者认识到女儿不是家庭的负担，她们应当受到教育。皈依者被要求女儿起码能读书写字，方便她们以后能读懂《圣经》。女孩到了结婚年龄，父母们会发现受过教育的女孩要远远胜过那些未受过教育的女孩。虽然向女孩求婚还不能用西方人的方式，但是女孩有了很多的自主权。她们能与求婚者见面，能了解到求婚者的学识、地位、家庭条件等情况。她们甚至可以和未婚夫解除婚约，并且不会被认为是不孝的行为。对于一般的中国老百姓来说，结婚协议是建立在非常实际的利益上的，女方主要考虑的是男方给的聘礼。而成为信徒的父母则会首先考虑的是男方能不能给女儿带来幸福。

有些男皈依者用使徒保罗的教义来支持他们的观点，他们认为男人是有独断权利的。为此，他们认为男执事的地位是要高于女执事的。可是这种断言逐渐被美英两国流行的男女地位平等的观点取代。

在中国华南，有一座历史更悠久的宗教建筑，人们举行宗教活动时，必定遵照祖辈的传统，在里面布置一个有五条腿的围屏。目的是将男人和女人分隔在两边。如今这种习俗正在被抛弃。过去，在中上等的家庭加宗教活动中，是看不到未婚女孩的身影的。如今女人们可以在公共场合露面，坐在椅子上，悠闲地小睡一会儿，任由她们束好的头发垂落在肩上，看起来是那么惬意。在十年之前，女人被禁止出现在宗教场合，而现在她们的谈话、祈祷都不会受到限制了。青年女性为中国的复兴做出了巨大的贡献。

有些反对基督教的人还在坚持自己的观念，他们认为传教士就是在制造皈依者，就像是鞋厂生产鞋一样。我们可以用每年皈依的总人数除以每年教会的花费，就能大概算出吸纳一个中国人成为信徒的平均花费。我们做一个假设：皈依者加入基督教单纯是为了金钱而来，再假设在他们之中有敲诈的行为出现，那么在每个人身上花费那么多的钱财，让他从信奉佛教转向信奉基督是不是很划算的事情呢?

在中国的现实状况是，传教士们的传教成果并没有达到自己预期的设想。打个比方，他们就好像是要用井水浇地一样。在井边的绞车旁忙活了半天，提起来的水却没能全部流到他想要加速流动的沟渠里面去，大多数井水在地上就蒸发了。即使在遥远的地方，这些水也会重新出现，并很好地浇灌了土地；但是却不能断定那些井水是不是传教士开掘出来的。有的年轻人从教会大学毕业时不信教，后来却成了基督教徒，这种情况是否与上面说的井水的例子一样呢？是否与管理良好的且有效率的教会学校比赛的政府学校的结果一样呢？中国的政府设立女子学校，是基于传教士们创造出了女性教育的需要，提出了如何教育女孩的方法。传教士们关心盲人、精神病人、麻风病人，而中国出现的大量慈善事业又是怎样做的呢？他们还将西方关于感化和学识的书籍翻译成中文传到中国，中国人也学到了西方的一些文明，如果没有传教士的作用，中国现在会是怎样的呢？当基督教还没有传到中国的时候，中国人抽鸦片、女人束脚、男人纳小妾、穷人受奴役压迫、女人是男人的附属。而如今这一切都发生了变化，应该归功于传教士的努力工作。

然而传教士的主要成就并不是使众多的异教徒都信奉基督教。他们做得更多的工作是吸取新的教徒，让更多的没有宗教信仰的中国人成为信徒。这种变化无论从文化上还是道德上来说都是有好处的。通过单个人的心灵得到净化，逐步进入到中国的社会和政府领域，使它们也发生变化。那时候中国的奴隶、犯人、孤儿、妻子和平民都能被很好地对待，不被歧视。虽然不能肯定地说传教士起了很大的作用，但他们确实起了一定作用。中国文化也随着传教士们的到来发生了变化。传教士们在一定程度上影响了中国，但他们却觉得这是应该做的事情。

如今的传教士认为，自己在中国传播的只是基督教的福音，并非是西方的道德文化。对于二十世纪的状况来说，传教士们并不能从基督教义中意识到，他们也不能决定什么是“经典的”。我问过一个女传教士：在什么情况下她会制止束脚的恶习？她回答说，当没有给她们带来暴力的时候。由此，我想到了一些禁欲者、赎罪的宗教徒和自我毁伤者，他们认为这样做是服从命令。“如果手冒犯了，就切断手”，对于这样做的原因，我是不明白的。

西方的一些好习惯也被传教士带到了中国。学生们在他的指导下学会了尊敬他人、睡前洗澡、不随地吐痰，并且使用手巾帕、注重房间和衣服的整洁、还养成了不撒谎的习惯等等。教会居民也学会了打扫房间和庭院、粉刷屋墙、冲洗教室和教堂的地板。他们还要求中国人认真履行职责：对牲口不要大骂、收留残疾儿童、教育女孩、尊敬妻子等。

《圣经》通过传教士的传播被基督教徒们奉为经典。对于传教士们来说，他们也已经被各自国家和时代当作对外的代言人。在美国教会创办的女子学校里，可以体会到美国人的妇女平等的观念。在工业学校里，轻视体力劳动、摆架子的观念是美国人所反对的。他们对那种留长指甲表明自己不干体力活的观点是十分反对的。加入基督教的爱尔兰人、撒克逊人会对教会大学教授的政府观念吃惊。这些大学开设的反映时代精神的自然科学，会引起博尼费斯或弗朗西斯·让费尔这类反科学的人的不满。

在通商口岸的外国人对顽固的传教士们有很大的敌意。他们责备传教士是在公开的散布谎言欺骗中国人，是在诽谤中国人。他们对人说，传教士其实是在中国做投机的土地买卖，并做能使自己单方面获利的交易，还指责传教士们很容易地能欺骗中国人，能在中国生活得比在他本土还好。甚至还说，传教士们都是失败者，因为他们吸纳的信徒也是骗子。相比异教徒来说，中国的基督教徒也是不老实，不可靠的。他们觉得自己更能了解中国人，所以传教士才受到他们的指责。然而事实上，他们不认识几个汉字，只是通过买办和当地几个商人做贸易买卖。传教士们却能用流利的汉语跟中国人交流，在没有保护的情况下也能出入中国家庭；中国人遇到了问题也会虚心向传教士请教解决方法。

由于传教士公开地反对印度的鸦片贸易，导致了英国人很怨恨他们。商界的看法是，传教士给中国人创造机会和贸易刺激，使中国能与外国相抗衡，阻碍白人们从中国赚取更多的白银。商人们追逐名利，传教士们追求理想，不同的人生态度使得他们之间有了分歧，最终导致了他们之间的对立。在中国通商口岸的城市里，很多商人、船主、海关官员都过着富裕的生活，完全按照自己的意愿做事。在传教士的眼中，这些人只会游手好闲，饮酒作乐，行为放荡，纵情声色，他们奉行享乐主义，生活极度腐化。传教士们对他们的生活方式极不认同并加以批判。这引起了他们强烈的不满和恨意。相比之下，传教士则过着很简朴的生活，还经常受到享乐主义者们的恶意诽谤，因为他们很怨恨这些传教士。有一个浪子，他认为在日本的古野饮酒狂欢就是度假的最好方式。在长江下游的一些传教士，顶着暑热的天气陪同家人在像庐山、九华山这样的山顶度假，却受到了浪子的嘲笑。他抱怨传教士们不会度假，但他却忽视一个重要的问题。传教士们一直在工作着，相比起生活在中国的其他白人，他们没有很多的休息时间。

有一个英国领事，他在中国的西南工作，对传教士很是反感。他对我说，太丢人了，政府或公司居然让一个白人在四川工作了三年多。

我对他说，传教士们该怎么做呢，他们会在这里挥洒自己的一生，到了夏天的时候，他们会到山上休息，就在五里以内的山上。

领事说，看来他们不管什么气候，都不会破坏他们传教的决心。

然而传教士也有一些行为举动受到大家的指责。有一个中国教徒，在美国读过书，现在中国政府任职。他告诉我说，北京被八国联军占领时，当地的中国人都很害怕。一些中国人在贪婪的传教士的淫威下，被迫将自己的地产卖给他们。最终有很大的一份房产积聚在了教会手中。贪婪的传教士对房主说："你们的房产很适合我们传教用，我们出五十美元买地契，你们同意吗？"房主在他们的威胁下妥协了，收到五十美元后，还被责令五天之内搬走。就这样，中国居民区的不动产被无耻的传教士用低价购得。

教徒和非教徒之间的诉讼有时会被传教士过度地干涉。教徒自然希望教会能支持自己，并向教会保证他是为了教会的利益才牵涉到其中。他还希望所有的教会成员无论在什么场合都必须站在同一立场。当罗马天主教与新教为了吸收教徒而卷入上述的纷争时，天主教徒是肯定受到教会保护的。在很多时候，传教士站在了错误的立场上，因为他们听信教徒的一面之词而被他们的花言巧语所蒙蔽。中国教徒有权反对迫害，这是有条约保证的。由于传教士的后面有领事和炮舰的支持，一旦他们干预进来，中国的官员因为害怕做出的判决会具有很强的倾向性了。大众对传教士这样的行为很不齿，认为基督教的形象被他们破坏了。就这样，很多人成为信徒就是为了能得到外国的保护。在义和团运动之后，新教的信徒减少了很多，就是因为新教要求传教士不要干涉诉讼。

很多教会的财产被暴徒们毁坏了。至于是否赔偿，则是一个让人纠结的问题。中国的官员们害怕索赔，于是做出了一个错误的决定，那就是教会不再受政府保护，暴徒们可以任意地破坏教会。去年，长沙发生了民众暴乱，因为当年清政府割地赔款引起了人们的强烈不满。为了让清政府赔偿得更多，他们毁坏了很多教会的财产。中国内陆教会有上千名传教士，他们了解民众的心情，所以没有要求清政府赔偿损失。在他们的眼里，暴徒们是没有错误的，只是一群无辜的受害者。中国人对这种不索赔的例子印象很深刻，后来有更多的人加入基督教，使得传教士的工作有了很大的进展。这证明了，基督教的传教士们作出的是一个正确的决定。其他教会为了吸纳很多信徒也纷纷效仿基督教，从此不提索赔的要求了。

对中国人在此领域中的早期变化还没有人谈及到。一些传教士意识到中华民族精神有着强韧力和巨大的能量。他们希望随着时代的发展，在黄种人中也能普及基督精神。他们认为，虽然佛教过了三百年才被官方承认，但是它影响民众的时间却更长。

传教士认为基督教在中国的前途是光明的，他们意识到受过教育的中国人是能更容易接受基督教的。很多中国人改变自己的信仰，是为了更好地生存。这样看来，中国人的宗教水平必定会逐步提升。就在传教士们在中国积极传教宣传福音的时候，远东宗教也悄悄地开始在中国传播。这在当时是必然出现的现象。一旦中国人的风俗被传教士们严格模仿，那么其他宗教对传教士的迫害，对他们来说就不值得一提了。

中国的佛教不能复苏是由于它有太久的历史。中国社会中迷信盛行，日本的佛寺派往中国的教徒会因此而发生变化，出现偶像崇拜的现象也是不可避免的，佛教在中国已经不能延续下去了。中国的孔教就跟佛教目前的地位很相似。中国的爱国者和守旧者都以孔教自豪，他们将任何外来宗教拒之门外，只为了能使孔教恢复当年的辉煌。我们可以看出，中国人世代抵抗外来文化的中心就是孔教。有的学者无意中借鉴了基督文学中的古典高尚的道德观念，将之与中国儒学融合，形成了很特别的“孔教—基督教”。

早期的传教士对中国的孔教抱有迟疑的态度，而如今他们开始很有激情地对孔教的本质进行审查和辨别。他们将孔教与基督教对比后发现，孔教中提供的完美人生的例子是由纲常名教主导的；基督教提供的高尚的人生事例则是受精神主导的。对大多数人而言，《福音》中包含的伦理感化要比《论语》更多。中国的行政长官、法官和有一定地位的上层人，他们叫人服从，采取的是遵从原则的方式。这样，孔教的圣人格言和精神就值得发扬光大了。

基督教显示出了很强大的道德力量，与它同性质并且与之竞争的孔教则处于下风。因为孔教缺乏约束力，虽然它有着崇高的理想，但是却没有威慑力。孔教不能阻止人们从欲望和激情中寻找自然嗜好和美好生活，因为它发展的教义并不是对上帝负责的。事实上，孔教徒站在正义立场时，经常会提到天，所以上述发展对于孔教来说也是很容易的事情。而宗教会教导人们放弃无耻的道德行为，孔教同样也是如此，并且会教导人们只要忍受一切苦难，最终会过上美好的生活。如果一个儒家学者被问到为什么要如此时，他会敷衍地告诉你：“未知生，焉知死？”死后的教义非常易于被阐述进古老的教义里去，这样，新孔教和基督教就保持着长期的竞争关系。孔教作为中国的文化组成部分，有着深深吸引保守势力的本能，并且为来自西方的整个舶来品而感到羞耻。

中国所处的历史时代是我们美国经历过的，我们从中还能回味自身历史。我们能猜测到在中国从事宗教的传教士们，也最有可能面临着一种形势，就跟最初在古罗马帝国传教的形式一样。比方说，寺庙、神、神像、塔、牧师、祭祀、迷信、陈腐的神话、祖宗崇拜和吸引上层社会名流的道德观念。罗马帝国在公民道德方面高于中国，然而中国却在家庭道德方面高于罗马帝国。从两国的文化水平上来说，我们看不到太大的差别。即使最初基督教只是在罗马帝国的少部分商人、艺术家、自由人之间传播，但最终广大的民众还是成为基督教徒。既然有了一次成功的经验，可是在中国帝国却为什么不能广泛传播基督教呢?

基督教声势壮大地展现在中国人面前时，恰巧他们也认识到了本身文化的缺陷。我们派出最好的、经过训练的传教士来中国传播基督教。他们的性格、学问等各方面有着将忠诚撒向教众的主音团体的水平。基督教古老的声望和众多追随者的声势深深地影响了人们。进一步讲，基督教和物质文明紧紧地联系在一起，并且取得了很好的成效。对此，为了生存的中国人不得不完全接受基督教义，信奉基督教了。

可以肯定的是，中国人的哲学、历史和生存环境等方面具有很强的稳定性，要从这几方面将中国人从世界思想发展的总运动中分割出来根本就是不可能的事情。中国人的命运就等同于白种人的命运，换句话说，就是在文化发展水平方面，中国能占有一定地位并作出贡献。所以我们可以准确地预测，西方国家的基督教在本土发生什么样的变化，同样在中国也会发生。基督教有着自己的哲学基础和历史基础，如果因为自然科学的发展或是经典著作的冲击而使基督教失去了基础，那么在中国也不会看到基督教传播了。中国的上层社会既有一定地位又有一定影响力，他们以中国的文化而自豪，所以对于从西方传来的东西，它禁止人民接收。从另一方面来说，如果西方对基督教保持了控制，那么它自然会传到中国并能取得根本的成功。当初它在三世纪时能在罗马传播成功，如今同样也能在中国传播成功。

第九章　西部的人文地理

一九一零年刚入夏的时候，我和当时在厦门任领事的美国人爱罗德结伴到中国西部旅行。此前，很少有白人到过中国西部，我们对西部掌握的资料也不是很多。这次旅行让我切身领略了中国西部的人文和自然风光。我们从山西省会太原出发，一直朝西南方向行进，经历了一千二百英里的长途跋涉，终于到达了四川省会成都。之后我们从成都换乘船顺着岷江、长江到达了重庆，又顺着江流一路东行到达了宜昌。我们穿过了长江最为湍急的地方，饱览了长江三峡的两岸秀色。途中为人熟知的山水峡谷风光，让我对这一段旅途难以忘怀。

清政府统治中国两百多年，把前朝遗留下来的大道和运河破坏殆尽，因此连接京城和偏远的西部省份的道路都非常低矮。山西省也是被这样的道路纵横穿过。走在这样的路上，你会看到有人头和肩膀穿过麦田。不要惊讶，走过去细看，就会发现那是农民坐在马车上，被夕阳照射才形成了这种奇异的效果。大多时候，你会看不到这里的乡村是什么模样，那是因为田地比你走的道路高出几英尺，挡住了你的视线。从一七八零年之后，这条大路从未被修理过，直到一九零零年慈禧太后从这里逃跑，这条大路才被修缮，遗留在大路上的车印至今仍清晰可现。有时候雨水沿着道路流动，汇聚多了就形成洪流。这时大路已然没有一点儿人工痕迹了。道路向四面八方随意延伸出去，往往当一条道路走到尽头时，接着就会出现另外一条道路。但是由于马匹的践踏、车轮的碾轧，很多黄土会变成灰尘飞到空中，使道路的地基越来越低。沿着这条路，我们来到了一座古老而又高大的门楼跟前，它的地基比人的脑袋还要高七英尺。

接下来的三个星期，我们一直在一群四方形的，顶端平坦的建筑中穿行。在这里，每隔三英尺就会有一个烽火台，当有外敌入侵或是有人造反的时候，烽火台就会点燃烽火，向天子通报消息。但是，现在山间建起了电报线路，这些古老的建筑正在遭受年轻一代的破坏。为了纪念过去，懂得感恩的人们在路旁竖起了很多纪念碑，大路成了人们公开表达纪念之情的地方。通过这些纪念碑，那些徒步旅行的人能了解自己走过的每一段路，从而意识到这些道路曾是村民们的骄傲。我们还可以从中了解到，中国人在道德上是怎么自我教育的，从而使他们不用依靠军队和警察就能很好地维持社会治安。这是其他民族做不到的。

京汉铁路在山西开出一条支线，通向太原。这条铁路是法国人修建的。沿着这条线一直往西，走上半天的时间就能到达太原。之后又往南行走二百英里，就能看到无数辆骡车日夜奔忙着，源源不断地将面粉、烟草、豆油、羊毛、甘草根、盐、纸、棉麻等运到铁路上。大量的农产品正是通过这条铁路运销到北京、天津的。此外，山西蕴含着丰富的能源矿产。你可以想象，德国的威斯特伐利亚、比利时和美国的宾夕法尼亚这些老牌能源中心的资源被开采一空后，这里也许能成为一个新的工业能源中心。有一回，我站在高处向山下望去，在大概五百英尺的地方，十分清晰地看到了山谷边的煤，它被石灰石层分隔成七层。丰富的煤炭吸引了来自各地的村民。他们只要在山上打一个洞，再钻进去就能把煤运出来。在产煤地附近，即便是质量上乘的煤，每吨也只能卖到二十五美分。但是，如果将这些煤运到一百英里以外，它们的价钱就会翻上七番。每往外多运一英里付出的运费，都会使煤价提高十分之一。同理，如果将小麦面粉也运到远方去卖，那么人们就买不到每磅半美分的面粉了。

太原在西方的影响下发展了起来，这里很快出现了电灯、碎石路、整齐干净的十字街道、带有小湖的公园、音乐厅、剧院、幼儿园、林荫道、广场、火柴厂、军事学校、警察、教养院和半周报等西方产物。在太原城里，一些人为了售卖香烟，把广告贴得到处都是。我们离开太原，往南走了两天，就如同回到了中世纪的社会一样，一切外国先进的事物在这里都看不到了。煤油灯是唯一的照明工具，一小点棉花在盛着菜籽油的铁杯里燃烧着，发出微弱的光。在这里，金属货币并不流通。在进行交易时，人们使用的是买卖双方经过协商规定的货币。如果想在这里使用金属货币，就得先过当地所有经营货币流通的商人这一关，还必须使用发行得最通行的那一方的货币。铜钱是中国流通的钱币，中间有孔，可以用绳子穿起来。通常一吊是二百文铜钱，有十五到二十磅重，十吊钱能兑换一美元。按照这一汇率，我们支付给每个苦力可以兑换成四十三美分的财物，而如果给他们铜钱，他们会毫不迟疑地拒绝。之后就不会帮我们运载行李包裹了。山西银行商获利颇丰的现象，不仅存在于大城市太原，即使在太谷和平遥那样的小县城里也能看到。在清朝时期，山西银行商就成为当时国内金融界中一支财势雄厚的力量。我们看到一个商人的不动产，他有五所宅邸，里面又有许多庭院，道路都是经过装饰的，池塘中盛开着百合花，还有一座石桥在水面上，岸边还有小亭子可以用来乘凉，亭子里有石桌子，后面是花园和果园，占地面积大概有二三十亩。这显示出他们既有钱又有地位。可是如今，吸食鸦片和他们自身的懒惰，使得曾经富裕的生活不复存在。为了维持生活，他们只好变卖房屋地产，以至于最终变得一无所有了。商人阶层受到鸦片和赌博的侵染，银行商后代们出入声色场所，风花雪月；抽食鸦片，聚众赌博，长期深陷其中不能自拔。在清朝时期，他们的先辈们辛辛苦苦地创业，他们这一代却把先辈们积累的财富挥霍一空。在我的记忆中，他们当中一些人是胖胖的、虚弱的、好色的。他们没有了父辈们创业的雄心壮志，整日在享受作乐中茫然度过。更别说他们有参加体育活动的热情，或是锻炼强健身体的想法了。

我们发现山西村民的房屋屈指可数，完全和贝都因人的营地有得一比。这里的村庄是四方形的，周围没有树篱或栅栏，而是用泥墙围起来的。再往外看去，满目尽是空旷的田野，村庄正是被它衬托装饰着。这里没有牧场、喂牲畜的草地、贮藏粮食的谷仓以及碾磨谷物的风车。村民的房屋也是未被粉刷过的，庭院中也没有建谷仓的地方。他们也没有在庭院中喂养牲畜。我们还注意到，祖辈留下来的土地上不允许修建墓地，竖立石板墓碑的。但是，人们可以建木瓦板房屋、瓦顶或茅草顶砖墙的住宅、有围墙的大庭院或是宗教场所、学校、宝塔和石窟。某些地段还有指路标、破碎的信号塔和拱形的通道大门。

一路上，我们见识了很多地方的风俗习惯，不仅带有中国风味还十分有趣。有一车马队，载货的工具主要是骡子和骆驼。比较起来，骆驼的耐力远远胜过骡子。因此车马队选择在晚上赶路，而白天的时候，他们在骆驼身下休息。我们又遇到了几个和尚，他们走了两个月时间，千里迢迢地从四川赶来，要去圣地五台山朝圣。来到了闻喜城，发现城里的织布机一直运作着。我们还看到有绳子横跨街道，上面晾晒着许多粗制棉布块。布块是蓝色的、长长的，不仅透露着中国人对传统的喜爱，还为小城增添了光彩。在运城碰到精神面貌很好的中国人，这出乎了我们的意料。他们有着希腊人的俊美脸庞和儒雅气质。接下来的四天，我们时常被他们深深吸引。可是在合州到西安的这段路程中，我们再也没遇到那样的中国人，只碰到了一些纯正的蒙古人。

在中国农村，浇完田地的人到了晚上就会把绳子、篮子、绞车等工具带回家。因为这里没有警察来维持治安。也因如此，每当收割季节到来之前，人们就在庄稼地里扎一个小帐篷，蹲在里面看护庄稼。只要把高粱杆或玉米杆围在一起，外面涂上一层泥，帐篷就搭成了。成形的帐篷看起来很像英文字母Ａ。到了这个时节，农民们睡眠严重不足，花费大量精力看护庄稼。无论在身体上，还是精神上，他们都承受着不轻松的压力。

汾河下游河谷的小麦成熟了，好似一片金黄色的海洋，望不到头。这时候，村庄的饮食店停止营业了，农民把镰刀磨锋利了，打谷场被修理打扫干净了，学校也放农忙假了。一切准备就绪，收麦就要开始了。天刚刚亮的时候，家家户户就从村子向自家田地赶去。手推车或者骡马车上装着水壶、饭罐儿，还有婴儿一排排地坐着。缠过脚的女人们走不快，只好骑着骡子才能不被落下。光脚的男孩子们则一路小跑前进着。暗褐色公牛或灰色的毛驴拉着收麦的工具，被男人们拿鞭子赶着。到了麦地里，他们戴上草帽，弯下腰，一手攥住小麦，一手抡起镰刀，麦子就被割了下来。捆一捆麦草会花费他们不少时间，而我可以用这点时间，捆上五捆麦子。中午太阳高照，他们吃完饭后就在阴凉下休息，一直睡了很长的时间。直到傍晚，天气变得凉爽了，他们才会忙着把割下来的麦草装车运回家。马车上先安放好木叉，之后他们把小麦装上车。我们了解到，木叉是从槐树三叉形枝杆上砍下来的杈，能很好地把小麦固定在车上，不用担心将很多麦草抖落下来。贫穷寡妇和光脚的孤儿也在忙着自己的丰收，他们在麦茬地里、马车后面捡拾遗落下的麦穗和麦粒。

丰收和流传下来的古风俗一样，单纯朴素不浮华，有着田园情调的迷人魅力。荷马史诗时代的妇女是自由的，而中国妇女则是受封建礼俗束缚的，所以古希腊生活的迷人之处在中国的丰收里无从体现。男子们在地里尽情地享受丰收带来的快乐，那些待嫁的少女们则不得不待在小矮屋的房间里。她们不在这种愉快丰收的景象之内。

农民把麦草运到打谷场，散放着铺开。中午日晒强烈，麦粒会很容易脱落下来。这时农民要用连枷打，或是赶着套上石磙的骡子来回地碾轧麦草。之后他们把麦粒和禾壳同麦秆分开，进行扬麦。麦粒和禾壳被扬飞出去，落到一处，成为金灿灿的小堆。扬麦的过程好似农民在画风景画。有时能看到，农民不用在打谷场上打麦，而是在大路上。我曾在一个大城市里遇到过这种情况：一条十六英尺宽的主街道，被麦草占据了一半。虽然道路被占用，行人走起来显得拥挤了，但是他们不会对此有抵制的行为。

与世界其他的地方比较起来，中国西北由于滥伐森林引起的大灾难是最为显著的。我们到过太原附近的一个山顶，那里一点儿森林植被也没有了，整座山光秃秃的，气候异常干燥。我们往西南方向走，发现只有寺庙周围有一片未被砍伐的树林。而其他地方的坚硬树种都被砍伐完了。如今，山谷上只是种植了一些容易存活的软木，如：白杨、木棉、接骨木和柳树。

树木覆盖的表层如果消失，会很容易发生水土流失。河道就会被冲下来的泥沙填满，甚至山谷也会被阻塞。山西境内的大小溪流都汇入汾河。由于大量水流冲积，汾河河谷便形成了。河水沿着河谷中圆山锥的山脊流动，一直流到河床地带。那里砂砾和岩石很多，曾经还有人在高堤岸下玩耍，打发无聊的时间。如今，河床已经下沉，低于水平线四英寸了。我们再也看不到那曾经富饶的、面积广阔的土地了。因为圆山锥将其覆盖在砂砾石下，使它永远消失了。

山腰中的建筑物很分散，稀稀落落的。以前这里的大路，人骑着骆驼都能畅行无阻；如今，人只有蜷起身子才能爬过去。有一座破败的石桥，我们两次碰到过。我们能想象得到它刚建成的时候，高大的桥拱连接宽阔汾河的两岸。而今我们看到的却是另一番景象：淤泥埋住了它伟岸的桥拱；露在外面的桥墩周围则成为一片种植大豆和菜籽的田地。残破的桥身站在田地中，显得很无力、很悲伤。只剩下曾经的辉煌还能回忆一番。当初大桥修成了，山上的森林却被砍伐，山变得光秃秃的。没有了森林植被的覆盖，山坡也不能涵养水源。于是山上二十英尺厚的土壤被冲进河道，使水势发生了很大的变化。到了夏天，河水有时会在地下缓缓流动，有时雨季来了，会形成势不可挡的山洪。

茂密的森林被砍伐了，很多有生命意义的东西也随之消散了。山上的泥土被冲到了河道，河水得不到腐殖土和苔藓地带的过滤，变得很浑浊，以至于水中也没有了游来游去的鱼儿。很多泉水都干涸了，所以我们在山西旅行的十二天期间，从没看到有在水中嬉戏玩耍的小孩子们。没有了山坡上森林涵养的水，夏末时节的牧草也得不到滋养了。曾经河岸两边有很多树木植被覆盖，清澈的河水就藏在林荫下的深沟中欢快地流淌着。如今，河道里的泥沙淤积造成了宽阔的浅滩，浑浊的河水只能暴露在阳光之下，缓慢地流动着。曾经还会有倒下来的大树或圆木阻塞小溪，形成一个小池塘，成为鲑鱼静幽幽的玩耍场地。中国人并不相信爱情，我们对此确定不疑。这里的场所并不能吸引恋人们来此约会，因为没有了大树形成的林荫道和苔园木的点缀。

林中空地被许多树木环绕，呈现出一片优美的绿色地带，很多人对此并不知晓。而树叶在金色十月里焕发的独特光彩，他们也不懂得欣赏。甚至童年时期在林中摘核果，掏鸟窝，追逐松鼠，这些给人带来快乐的事情，他们也是一无所知。

人们不但破坏了森林植被，还将树根、细枝、干草和干粪变成了生活燃料。没有了树木，这里唯一的建筑材料就是砖泥土，所以现在的桌凳是砖质而不是木质的了。我们向着有一片林荫地的茶馆走去，中途穿过砖石游廊和用仅有的树木修建的走廊、大道。期间，飞扬的尘土让我们感到干燥和酷热。树林的消失，不但破坏了生态平衡，而且影响了人的精神生活。许多美好的资源消失了，诗人失去了创作的源泉和激情。生活在他们的眼中就是吃饭、劳动这样让人觉得索然无味的重复，生活成了他们的附庸。

基督教的福音、煤油、香烟是进入中国最深的西方文明。而福音先于照相、取热、吸烟出现在中国农村，对此我感到很欣慰。传教士们在中国内地的农村传教，是为了宣传福音感化世人而不是为了赚钱。当地人从他们身上开始对白种人有了最初认识。传教士们在这里很受欢迎，村民们也常常向上帝祈祷祝福他们。为了进一步接触、了解中国人，内地传教士们常常把自己打扮成中国人。他们觉得与中国人接近是比较容易的事情。抛开传教士在中国的实际生活习惯不说，他们会发现换穿上中国服装的他们和中国人没什么两样。还有的传教士不仅改换服装，甚至还改变自己的发型。他们把头发梳成中国式的辫子。一个苏格兰人，有着红褐色的头发，并且光滑发亮。他把辫子梳成了猪尾巴式的样子，辫子在他背后下垂着。这样能提醒他不会忘记了什么事。

在山西，我遇到了一个年轻的传教士，他经历了很多痛苦的事情。通过了解，我们知道，就在他婚礼前的一个月，他的未婚妻死于风寒。

他来到中国传教，和坐在一起的虔诚教徒们祈祷时，常常看到他因患有腹泻而疼痛万分。可是，无论是丧妻，还是受疾病折磨，都没影响到他饱满的精神。相反地，他一直保持着沉静的心态，安心地做着自己的工作。

传教士告别了亲人、祖国、音乐、娱乐、艺术、朋友等，他们变得一无所有了，所以在布置房间的时候，会摆放一些充满回忆和象征祖国的东西。令人伤心的东西总是围绕在他们身边，使得他们必须依靠精神生活。房间成为寄托他们情感和寻求精神安慰的地方。传教士们奉献自己一生，用福音教化世人，并用写在墙上的格言激励自己。他们这种虔诚的做法，不能给他们带来安慰，反而会有碍身心健康。一个优秀民族必定会经历很多磨难，而只有让中国人从这个苦闷时代脱离出来，他们才会真正地安适下来。

途中，有一位步行者与我们相遇，我们发现他神采奕奕，举止高雅。他把包裹放在地上，之后向上帝祈祷，给予我们深深的祝福，并与爱罗德先生交谈了一番。等他离开了，我对领事说："精神面貌这么好的中国人，我是第一次看到。他究竟是谁呢？"我们后来知道了他是中国牧师，就在当地教堂工作。这个精神抖擞的中国人，我已经无法用言语来形容他了。他有一些精神振奋的传教士朋友，受了他们的影响，才会有如此饱满的精神吧！

教会给传教士发生活费，有人觉得给他们的太多，便有些不满了。中国的教会通常给传教士每年的生活费不超过一百美元。有人认为给传教士这么点生活费太少了，因此教会受到了埋怨。可是实地了解一下当地物价，就会明白教会受到埋怨是不应该的事情。在山西的五寨县，一美分可买九个鸡蛋或是一只鸽子，三美分可买到一对鸡，三美分或四美分可买到一磅未捆好的棉花，五美分可买一只公鸡。这样看来，即便是传教士夫人天天买市场上最好的蔬菜、肉类，每周花费也才不过六十美分。

这些传教士夫人来自英国，是一位将军的亲属。她们管理着一所自助学校，里面生活着一百名女孩子。教师队伍中有一名女教师，从义和团运动中幸存了下来。她亲眼目睹了学校被烧坏，自己的学生被杀死。当时她身上戴着枷锁，被关在阴暗的地牢里有好几周的时间，还有好几次差点死在义和团的刀下。后来她大难不死，仍旧回到了学校工作。可是她没有觉察到自己身上显示出的英雄主义精神。

我们骑着骡子走了两个晚上，来到了历史悠久的西安。这里被称为“西部首都”，居住着三十多万人。穿过三重门城防，我们来到了城里，发现城里人们的精神面貌和其他地方迥然不同。他们有着古希腊特色的纯洁，有着知识分子的优雅。大街上还能随处见到漂亮的小孩子们。看过这座城市，我们能感到优秀的人是为何在城市中心聚集的，每座城市都能吸引生活在广阔农村的社会名流聚集。

西安被巍峨的城墙圈围着，这些城墙保持得很完整，有 8 英里长，可以追溯到十世纪。踏入西安，人们就会很容易地想到发源于渭河流域的中华民族的文明史。作为人类文明的发源地之一，它给当时不开化的民族带去了文明的曙光。说这里是中华帝国的摇篮，一点也不为过。因为在中国历史上，有很多朝代在此定都，西安断续成为中国的王权中心长达二十三个世纪。其他城市作为都城的时间，都没有西安长。西安一直作为中国文化的心脏，直到北京成为新的权力中心。我们从城里出来，在一片平坦的古坟地穿行，发现这片地带还有中华帝国文明的烙印，它早于所罗门国王统治好多年。我们还想到了亚历山大之后的秦始皇，他残暴无比，焚书坑儒，摧残中国的思想文化。

中国的古代博物馆，在记载历史方面无法和碑林或森林纪念碑相比。中国收集了十二个世纪以来的一千四百多件遗存之石，我们从中可以看到它们记载的历史。有一个著名景致石雕是在公元781年铭刻的，这个文物让人感到光荣和骄傲。它记录的是聂斯托坦克教派的基督教历史，该派曾繁荣过二百年，于一千年前遭到迫害而灭亡。如果基督教先传到中国，而不是大不列颠（英国人后裔如今再次把基督传到中国），那么中国早就强大了起来。

在西安，回教徒聚居的地方有许多清真寺。如今，新伊斯兰教兴盛了起来。为了在中国吸收新教徒，君士坦丁堡时不时地派出伊斯兰教徒来中国传教，以此让他们接受新的教义，向君士坦丁堡尽忠。

中国本地佛教由于具有欧洲黑暗时代的强烈气息的影响而衰落了。西安有一座庙，里面出了一个坏和尚，大家都很讨厌他，于是大家想要秘密地杀了他。征得住持的同意后，他们把坏和尚投入火炉，活活地烧死了他。传教士向上面汇报说，如今传教大厅里出现了许多做礼拜的知识分子。等牧师读完经、讲完道后，他们提出很多犀利的问题请求解答。首席传教士答复说："把我们最好的传教士派去！我们派出去传教士，要能回答中国知识阶级所有问题。"这种鼓舞竞争导致儒教又兴起来了，儒教徒们自己组织起来，派出信徒到集市或其他公共场合宣传儒教。这是件值得称颂的事情，无论人们重新信仰儒教达到什么水平，也会证明西方传教士是相当成功的，因为他们是将人类的思想转化为精神食粮。

西安有一个火柴厂和十几个商店。当地中国人可以买到很多外国商品，如止痛药、牙刷、化妆品、甜露酒、香烟、炼乳、内衣、灯、钟、风景画、小折刀和体育用品等。一加仑的美国煤油可以卖到四十三美分。在宁夏的省会银川，当地盛产一种石油膏，它可以在二百英里外的地方，卖到一加仑三十一美分。

当初，清兵入关的时候，满洲八旗军队驻扎在了主要的城市。满洲政府给了他们享受的特权，给予他们食禄。八旗子弟世代在这设防要塞里坐吃山空、闲逸度生。如今在西安城里，八旗子弟是一副穷困潦倒、腐化沉沦的模样。他们住着破烂的屋子，里面阴暗潮湿，空气也不流通，腐烂的气味刺激鼻子。那些杂乱的摆放，也显示着他们懒惰的心态。清朝的将军来到一个大演习场地，要检阅军队，跑道上一些骑兵在骑马奔腾，瞄靶射箭。虽说他们受过军事训练，可是意志力薄弱的他们，根本就是一支没有战斗力的队伍。即便是二十英里的一般行军，也会把他们累垮了。现在的八旗军队凭血统关系，在祖宗的福音下过着骄奢闲逸的生活，变得自私、懒惰、邪恶，日渐腐朽了。他们身体肌肉松散，体格变得很弱。从正在走向毁灭的他们身上，我们看到了清政府走向衰落。换句话说，寄生主义加速了大清的灭亡。

所以训练新军成为中国的希望所在。陕西、甘肃是伊斯兰教教徒集中的省份。此地能产生出像西亚人一样好战的勇士，与纯正的中国人相比，他们更富有好斗精神。这里成为中国军队复兴的中心之一也是理所当然的事。中华帝国有四所主要的军事学校，西安市就有其中的一所。虽说房屋还没修建完毕，但是在这所公立的学校里，二百多名学生已经开始了军事训练。

有些人认为西方列强迟早会将侵略魔爪伸到中国。对此，中国爱国者号召青年加入军队，努力使军队成为对抗西方大国侵略的中坚力量。爱国团体发动人民的力量，也向文人和其他优秀分子求助，让他们帮忙组织人员参军。在学校，学生们也鼓舞人们建立一支志愿军队伍。尤其在北京的附近省份，优秀分子升了官，不仅能马上领到军饷，还变得着装整洁，举止优雅了。穿上新军服的他们感到很荣幸，人们对他们也是很尊敬。士兵们坐上三等车了，也不会在敞篷车厢里拥挤了。如今，军官与同级行政官员比较起来，地位会更高一点。因为他们不再是通过科举考试考出来的，而是毕业于新兴的军校。满洲政府的皇族子弟们也穿上了新式军服，并在军队中担任重要的职位。而总司令，军队最高统帅就是宣统皇帝自己。

可是，时常令人吃惊的是，中央军事当局根本无法掌控各省的军队情况。各省完全不听中央的安排，而是各搞一套，使得军队制服和装备都很混乱。各省军队使用的来福枪至少有十五种不同的类型。此外，各省的军队还要靠雇佣的外国人训练。可是，就在清朝灭亡后的一百天里，训练就停止了。之后在中华民国成立的第一年里，新军训练又停止了五周。现在的兵营呈现出有气无力的面貌，没有了原本恪守军队职责的精神。在北京，一个美国上尉无意间露出的勃朗宁左轮手枪，引起了中国官员的兴趣。他们很想得到这种枪，用来装备御林军军官。因此就向上尉打听怎样能买到这种枪。上尉很乐意帮忙，答应给他们提供二百支。考虑到当时外国武器要运进中国，必须得到中国政府的批准，他建议中国官员先取得贸易通行证。官员答应了，说："没问题，你会得到通行证的。"可是最终左轮手枪也没有运进中国，因为上尉并不希望中国政府批准这些自己用来防御的武器进口。

我们走了四天才到达武山府。在路上，遇到了很多要回甘肃老家收麦的人。晚上，他们躺在路旁和衣而睡。天亮以后，他们陆续起来，走向路边的小饭摊吃早饭。不一会儿，小饭摊周围就聚集了很多人。我们雇佣的苦力，又走了三英里，来到一个小饭摊休息。在这儿，只要花上一美分就能吃上一大碗面条，或者一大碗麦粥和一大块煎饼。所以他们花不了多少钱，就能吃一顿饱饭。苦力们把辛辛苦苦挣来的钱绑在手腕上，生怕丢失了。每个人都背着一个轻巧的支架，上面有毛毡外衣、小睡毯、小锅、镰刀、器皿等。他们还带着烟斗、烟草带，在休息的时候抽上一袋烟提提精神。当收割季节到来时，天刚刚亮，就会看到村边有很多人，在等待有人来雇佣他们。这边收割完毕后，他们要尽快赶回几百英里远的家乡。因为家中晚熟一点的庄稼也快成熟，需要他们收割了。

这些苦力粗狂鲁莽，身上的汗油乎乎的，看起来十分扎眼。他们一张开嘴，就散发出一股大蒜臭味。这种形象的人在欧洲十字军东征后就看不到了。如今我在中国的西部真正见识了这样的一群人。他们没有受过教育，言语、举动都粗鲁无礼。可也正因为如此，即便基督教在罗马帝国的城市流传开来，他们依旧坚持着自己信奉的宗教。他们被认为是非基督教徒，那些蛮族们被说成是异教徒。如今中国苦力们被那些儒雅的文人们称作是异教徒，这该是对他们多大的讽刺呢？

革命的战火燃烧到了陕西境内，田里的庄稼又颗粒无收，因此很多地方都没有了人，农民们也不再辛勤劳作了。杀女婴的现象在这里还没出现过，不过许多人抽上了鸦片烟。农民们一直生活在本地，几乎没有人迁居到别处。他们行为粗鲁，思想保守，观念狭隘。有一个农妇，她不会给过路的游客提供热水，也不接受游客的任何报酬，她以不方便为理由拒绝了游客。

武山府有很多大路，能通向土耳其、伊塞克湖和“丝绸之路”。我们结束了武山之旅，换乘马车向兰州进发。到了兰州，我们目睹了水势急速的黄河水。有一支渡船向对岸划去，船到达对岸后，人们发现自己却在下游十英里的地方了。不久前，陕甘总督在河面上建造了一座构架桥。这是在美国机器帮助下，建成的一座铁桥。大桥通行后，有蒙古人驾车要过桥。由于他只走过石桥而没有见过铁桥，所以会显得小心翼翼的。他先把货物卸下来放在桥头，之后向桥上走去，检查桥的结构，以便验证马车能否安全地通过大桥。

中国的城镇居民也是要从事农业生产的。兰州城的商业贸易曾停止了三天，就是因为许多居民去收割麦子了。有一个人从“天府之国”

四川，来到了兰州城，他创办了一所丝织学校，并且引入了桑树，以此希望大家不要去碰那害人的毒罂粟了。

从兰州向南行进，由于山路崎岖，马车不容易通行，我们只好改坐轿子。走了十二天的山路，我们来到了四川境内。四川地处盆地，四周高山环绕，它的名字由此而来，又被意为“西部之通道”，有着与奥地利风光一样美的景色。如今，人类能征服自然、利用自然并从大自然那里最大限度地索取生存必需品。一味的索取使得几乎所有的原生物也消失了，森林、灌木丛、青草、牧草、野生灌木大片减少，甚至有的一点也看不到了。这里的人们以实用原则为指导，向大自然索取了大量的资源。但是他们的生活仍然很困苦，仍住在那种肮脏的小屋子里。他们穿着破烂的蓝色粗布外衣，并且已经褪色了。他们吸食鸦片，女人被强制裹脚，任由小孩全身脏兮兮的，光着脚乱跑。音乐、艺术、诗、崇拜自然在他们之中也是不存在的，他们的团体松散没有统一的组织纪律。年轻的小伙子们都很弱小，女人看起来也没有迷人的魅力，小孩子们没有惹人喜爱之处。生活在这里就像是生活在黑暗之中，人们不会参加讨论，参与政治，也没有体育活动。他们会为了一点小便宜而被骗，不能温饱的生活使得他们每天都在烦恼中度过。即使他们有着勤劳的双手、聪明的头脑，也拥有天才、丰富的眼力，并且有着勤俭节约的习惯、不招惹是非，可是他们仍然在压抑沉闷的生活中度过。如果他们能接受外来文明的刺激和新的理念，那么他们的生活会发生变化。否则他们一辈子就是如此这般了。妇女地位低下，只是被用来当作喂养小孩的工具，所以中国人为此付出了上面那些沉重的代价。妇女解放了，有了自由，才能把优雅高贵的生活带到这里。可惜的是，中国人并不懂得这个道理。

人们感觉饿了，用筷子夹起食物就吞食，大家各吃各的。所以家庭聚餐在这里是看不到的。这里的窗户是格子式的，并且很小，上面还糊着油纸。因此屋里的光线会非常暗。在中国，家就是妇女们唯一的活动空间。封建礼俗把妇女束缚在了家里，她们被迫规规矩矩地在黑暗的小屋里度过一辈子。在路上，我们几乎看不到有女人行走。中国官员带着家属上任时，会让女眷们坐在蒙上布的轿子里。如果碰巧遇到，我们也许会看到两三个女人。

中国女性深受封建礼数的迫害，她们只能生活在阴暗的小屋里，不能真正走进生活。她们存在的价值，别人不能看到，也不能了解到。相反地，我们美国人的纯洁女孩子在茁壮成长。她们不仅单纯、朴实，也有着自己的人生价值观。在回国的路上，我第一次觉察到中西方少女的差距。当时我在“加拿大太平洋铁路线”的火车站看到自由自在的少女，她们无拘无束、自然活泼。她们身上散发着一种让人亲近的魅力，就犹如小鹿在公园里不害怕游人，胆小的鹌鹑也可以放心地飞来飞去。

一路往南前行，我们看到了更多的迷信现象和事情。每当穿过城门时，会发现在城门边上都有个小神庙。里面还供着一个神像，它手中抓着人头或眼球，人看了会着实害怕。我们还看到很多神龛陈列在路的两旁。神龛里面是国王和王后的小塑像，他们并排坐着，看起来很慈祥。人们相信有神龛的地方，就会有神灵存在。悬崖下边有一些凸出的石头，旅客们会在石头前停留很长时间。他们买上几支香，将点燃的香插在神像前面的香炉里，之后下跪，对着烟火缭绕的神像磕头。起身以后，他们再用鸡毛把散落在神像上的灰尘扫干净。随后，我们碰到了一群办丧事的人，他们抬着棺材，唱着怪异的送葬歌，往坟地走去。棺材上还绑着一只公鸡，据说那是到坟地时用来祭祀的。沿着嘉陵江行走，我们来到河水的转弯处，看到对面有一个方块的石柱子。上面是一个男人的半身像，罗马人称他为守界神。看到这里我有了疑问，为什么四川石柱上的守界神，有罗马人的特点呢？我们还看到了著名的大石窟，石窟里有上千座神像石雕，它因此而闻名。虔诚的佛教徒，就着山势在悬崖上开凿了几百个壁龛。某位神仙或者某位圣人的画像，被放在壁龛里。有的画像与生活中的人一样大，有的会大上一些。

有一座分路墙在两条大路重叠的地方，看起来十分高大。大门就在墙的下方，跨过门就能到达另一条大路。墙上有着用来防御的大炮，游客们路过此地时，很容易地就能看见。整个城墙看起来如同一幅拱洞型的美丽图画。在顶部就是建立寺庙的地方。我们顺着大道一直走，看到了雕刻过的石板整齐地排列在路旁，大概有二百英尺长。崇拜者到圣地参观后，为了留下纪念，就在路旁树立起了这样的石板。一个丝绸商来自于遥远的巢湖，在神像的面前，一个和尚给予了他点燃的神香。本来这对他来说是件幸运的事，可是他的行为却非常不慎重，最终他没有怀着赤诚之心向神祷告。他认为，只要给神多烧些香，神灵就会觉得他是一个好人，就会给予他帮助。

不管怎么说，中国的和尚、道士都有很强的保护树的意识。我们在山顶看到过一座寺庙，它周围五十英里都是大树林，而整个山顶则是一片光秃秃的景象。在炎热的阳光下，有茂密树林包围的寺庙与光秃秃的大山形成了鲜明的对比。这一大片树林，由于在寺庙附近受到保护才没有被砍伐。我们行走在高大的松树下，不会觉得那么酷热干燥了。

在中国的土地上，官员只是一味地修新的大路，并且中国的道路修价很高，所以中国许多破烂的大路没有人去修缮。我们走了许多大路，发现它们的地段不是被土堆掩埋了，就是被水淹没了。可就是没有人来修理它们。在四十天的旅行中，看到的大路都是破烂不堪的。苦力们背着沉重的行李，顺着好的路段前行，可是走起来依旧很艰难。

中国人很懂得感恩，一座大桥修好了，人们会在桥上刻上修建者的名字；一条大路修成了，人们会建立纪念碑向修建的人表示感谢。在中国，很多的大路是以地方官员或者慈善家的名字命名的，因为他们修建了一条完整的大路，这对于他们来说也是很自豪的事。相反地，保养、维修现有大道的人却只是默默无闻。大路、桥梁经过风吹雨打，变得破破烂烂的，然而这时候，新的大路、新的桥梁又修建成了。中国的各个行政区需要有道路监察官员，让他们负责地区大路和桥梁的修缮工作。由他们打造一支专门的修路队，保养、维修现有的大路，保障道路畅通。而那些把修建道路桥梁作为晋升资本的官员，则不是大家所需要的。

我们发现离村子二百英尺远的地方，人行道全不见了。一打听，才明白道路上的石头被村民们挖去，用来修猪圈或修建菜园围墙了。道路被村民们破坏了，行走起来很艰难。很多货运商路过此地，常常会滑倒在地。这里的人把私人利益放在首位，所以道路是不会被修缮的。至于破烂的大路会给他人带来什么危害，他们是不会考虑的。在中国人的观念中，私人权利就不是我的事，就跟我没关系。私人权利对他们来说是神圣的，是他们都注重的。他们觉得公共权利是抽象的，也不会看重。有人请了大戏班在自己的房屋前唱戏。即便锣鼓声和唱腔声相互交织，震耳欲聋，他的邻居对此也是不会有异议的。邻居会认为这是他自己的私人权利。邻居街坊还能容忍杀人犯在自己眼皮底下逃走。他们觉得抓人可能会给自己带来不利。

在旅行途中，居民对我们的态度几乎都是很好的，我们唯一有一次被骂做是从外国来的魔鬼。我们没把此事放在心上，只当作是一个调皮小孩说的幼稚话。女传教士们也曾遇到过这种情况，但七年中只有一次。她们住在一起，在附近的乡村传教，从来没有人干扰和伤害过她们。女传教士和教徒们都觉得很安全。与此不同的是，在大街上，有一个恶徒要被处死。他被绑在行刑架上，头被绳子吊了起来，手臂捆在身后，脚尖正好能接触到地面，一会儿就死去了。行刑的场景是很恐怖的，人们看了感觉全身的血液仿佛停止了流动。中国的犯人们脚上戴着沉重的镣铐，在木质囚笼里站着，由官兵押解着去刑场。他们的下场不是被绞死就是被千刀万剐。

有一条河，从相互交叉的大山中流进汉水上游。此地和汉口之间有一千英里的距离。从地理位置上看，汉口是一个十分重要的中心城市。汉口与北京之间的地方，村子是用土墙围起来的，人们集中生活在一起。由汉口向南，居民房屋则是零星分布的，人口相对稀少。很多人担心蒙古人的入侵，所以他们搬到了南方居住。用来防御的大道给他们提供了安全保障，他们可以放心地定居下来。女人被强迫裹脚的事情在这里不会发生，也不会被束缚在家里不能出门。她们能真正融入到社会之中了。打谷场上，一个家庭有几个人打麦，其中就有女孩子在帮忙。

稻米文化开始的地方是中国南北的真正分界线。在种植水稻的区域，人们主要用水牛来整地犁田。人们不会喂养只能当作交通工具的马或骡子。他们最需要的是能用来耕田的牲畜。所以骡马车不会出现在这个地方。我们在华北地区走的是宽广的、肮脏的大路；而这里的路是用石头铺成的，虽然不是很宽阔，但是很整洁。我们能经常看到苦力们的身影，因为这里货物的流动就是主要靠他们来完成的。大路两边有很多小饭馆，行人可以在这里吃饭、住宿，牲畜也可以得到补给。到这里旅行的人们，不是坐着骡车而是坐着人抬的轿子行进。如果累了的话，就可以在附近找一个旅馆休息。城市的街道和乡村的道路是连接在一起的，它们都不宽阔。作为交通系统的一部分，它们方便了城乡联系。可是城市中狭窄的街道，阳光照不到，风也吹不到，以至于街道变得潮湿、不洁净。相对于北方来说，这里的人口很稠密，但是从稻田中产生的蚊子却实在给人带来了麻烦。在北方，农民把粪便和干土混合起来，成为小麦的肥料。而种植稻谷的南方，则是用粪桶把液体粪肥撒到稻田里，到处散发着让人呕吐的臭气。所以不用辨别居民生活的差异，通过看种植的主要粮食作物，我们就能将中国的南方和北方区分开来。

中国的土地群山环绕，形成了巨大的海绵地带，南方就处在这片断裂地带上。在这里我们看到了很多绝妙的景象。放眼望去，一座座山川相连，向远方延绵伸展，它们横亘在天地之间，最终消失在云端。山坡上的裂缝延伸得很有层次感，人们就顺势修建了梯田。山顶雪水融化汇成小溪，顺着层层梯田向山脚流去。水流满一层田地后，会自动流向下一层的田地。在靠近山顶的地方是一个水库，当稻田干旱的时候，它就放水来缓解旱情。雪水流到山脚，汇聚成小河，弯弯曲曲地流进宽阔的山谷，在山谷流动一段时间后，最终注入长江。很多条小河都汇入长江，它们流经的山谷，都是以小河命名的。当下午炎热的时候，居民就会午休。中国人的一切都是为了食物忙碌，包括午休的习惯，他们就如同寻觅粮食的蚂蚁，为了粮食奔忙不停。

辛亥革命后，中国南方和北方形成对峙，我们穿过新的南北分界线，有两条道路可以行走。走水路，我们就要在山谷和山脊之间来回穿行，翻过一座座山头。普通居民走的道路，是顺着地势平坦的山谷修建的，因此有很多人在道路两旁居住。官方修建的大道，一直向远处延伸，仿佛与云端相连。走在路上，我们能感觉得到空气很干燥，偶尔会有微风吹拂脸面，两旁美丽的景色，我们能一览无余。这条官道能通向成都，地基比一般的路要高。除了进入山谷的路段，两旁都是高大的古树。大树之间的间隔至少有七英尺。大树保护着大路，使它不会被破坏掉。从山脚下一直往西南走了二百多英里，我们来到了成都平原，此处比嘉陵江高出三百英尺。

在山区地带，骡子和苦力都是运载货物的工具，可是他们之间也存在着竞争。渭水盆地与汉水流域之间有二百五十英里的距离。要把大量的棉花运到遥远的汉水流域，相比之下，苦力比骡子更适合运载。我们沿着山路走，看到很多背着大捆白棉花的苦力。他们好似背着蚂蚁蛋的蚂蚁，沿着山路爬行，每走一步都得费好大的力气。我们了解到，他们每天走八到十五英里的山路，将一到二百磅重的棉花送到目的地，最终却只得到七美分的薪酬。

四川是中国西部人口密集的地区。来到了天府之国，我们看到很多苦力忙着运货，而没有人用骡子载运。苦力们背着很重的货物，像是背着一座塔一样。每人都带着一个小拐棒，很像英文里的T。有了这种拐棒，他们休息时就更加方便了。只要把它放在身后，货物也就可以支撑在拐棒上。我们还遇到一些用竹担挑货的苦力。他们肩膀上搭着六英尺长的竹担，货物在担子两头有节奏地摆动着，每隔两分钟竹担就要换一次肩。由于长时间挑货，他们的脖子基部被竹担磨出了大大的硬肉垫子。

骡子运输货物比起苦力来要麻烦得多，它们离不开人的驾驭和照看。人除了上货卸货收取酬金外还得喂养好它们，而苦力们只靠自己就能完成运输的任务。他们只要携带路上必需用品，如现金、防汗布、扇子、水烟斗、油纸伞和保持货物干燥的一卷草席等等，就没有什么其他的顾虑了，把货物送到目的地，领了工资就立即原路返回。往返一次，只需要两周或一个月的时间。所以说苦力在货物运载竞争中占绝对优势。经过比较，人们会选择让苦力运输而不会让骡子运输货物了。

由于苦力们从事的是沉重的体力劳动，所以他们的体魄都很强健。他们上半身赤裸着，腰间也只系着能遮盖住下身的布，将完美的躯干暴露在我们面前。他们的肌肉很发达，手腕有力，能承受很大的重量，平坦的下腹没有一点儿赘肉。这些构成了他们良好的肌体。我们从黄铜色的皮肤上，就可以看出他们运载货物时肌体展现出的美感。一旦他们不从事体力劳动了，为了适应新的生活环境，他们就要改变自己了。为了不想被人歧视，他们尽力地摆脱自己的苦力体格形象。假如他是一个富有的商人，那么厚厚的下颚和软弱无力的手腕，就会让他引以为荣。假如他是一个文人，那么纤细的手和优雅的面容，就会让他感到自豪。在四川，看不到太多的蒙古人。这里的人精神面貌比别处的人要好。我遇到一个年轻人，他打扮得也许跟迈克尔·安吉洛一样吧，眼睛经常盯着异性安蒂露斯那柳叶眉、纤细腰、直行的鼻梁、高高的鼻子、美丽的眼睛和漂亮的脸蛋。在中国能遇到更加优雅表情的人，而在其他国家则不能，这一点有很少人能感觉得到。一种特有的步行方式，就是排列着的长队走路。美国画家就会在四川的希腊安狄米恩和甘尼米发现新鲜的动人之处。

虽然中国人有着很好的身体素质，但是他们生活的环境卫生条件却十分差。所以这里的人患有很多种疾病，如粉瘤、肿瘤、肿胀、消瘦、麻疹、疼痛、溃疡，这些病能把人恶心得想吐。所以，我们把自己裹得很严实，甚至手腕都不露在外面，对此不要吃惊。如果我们没有医生的医疗保障，也会患上那些恶心的病的。中国的一些旧城镇肮脏不堪，生活在这里的人放纵自己，变得更颓废了。所以很多人患上了梅毒、中了鸦片毒。这在当地是常有的事情了。如果中国人只以肉为主食，而不注重家中里外、衣服、水是否有微生物，仍在有传染的危险下吃喝、呼吸，那么中国人强健的身体很快就会变垮。能喝到一杯用沸水煮的热茶，对中国人而言，就是很好的享受了。

即使四川有着丰富的动植物资源，但是寻找食物仍是艰难的、不能间断的、必要的。农村的野草生长得到处都是。虽然农民进行园林式的耕作，可是仔细一看，会发现他们根本没有科学合理地利用土地。他们只是在土地上种植能充饥的必要作物，如稻米、大豆、白菜、玉米和蚕豆。而带有观赏性的草坪、葡萄园、桔子树，他们是不会种植的。我们路过农舍，看到赤裸的婴儿是脏兮兮的；小脚女人精神不振，没有劲头；村民们的房间很阴暗，地板破破烂烂的，墙被炊烟熏得黢黑；有的人家在院子里养着猪、狗和驴子；便坑散发出熏人的气味；还有的人家在草席子上晒着几十斤重的麦子。这是我亲眼目睹的中国农村的景象。当时西方的报纸、法庭、社会集会、宗教，还没有出现在这里，他们只是一味地保守和满足。在逗留的六周时间里，我只看到一个把头埋在书上睡着的读书人。他大概是八到十二岁的年纪，精神面貌也好，在同龄当中是个聪明的小孩。然而不幸的是，他家没有好的经济条件供他读书，村里也没有优秀的公立学校。他长大后只能步他父辈的后尘，为了吃饱饭而日夜劳作，变得和他父亲一样愚昧、无知。

沿着大山走了一周时间，我们来到了世界闻名的成都平原。在成都几十英里外，还看到了都江堰，它是中国古代修建的著名水利工程，主要用来灌溉成都平原。西藏高原上的雪融化成水，顺着山谷流进岷江，之后都江堰就被注满了水。两千多年前，岷江水患，侵扰民生。水利专家李冰为了根治水患，带领众人修建了都江堰。岷江水一分为二，岷江终于被驯服了。寒冷的乳白色的岷江水，弯弯曲曲地穿过交织的渠道，并且发出沙沙声、汩汩声，一直流进众多的果林，它浇灌了杏树、石榴树，滋润了桑林、竹林，灌溉了三千到四千平方英里的农田。李冰从那时起被人们奉为神，很多寺院里供奉着他的神像。虽说成都平原是富饶广阔的，可是这里至少仍有四千万居民过着贫困的生活。如果肥沃的土壤翻了一倍，贫穷的人也会翻倍。中国能从如此少的土地上得到那么多的粮食，这是一个奇迹。依我看来，世界其他地方根本就做不到。我们了解到，这里一个季节可以丰收七次。一小块土地上产的粮食，就能满足一个人一年的需求。农民在田地边上挖一个大坑，用茅草遮盖起来，坑里的粪便发出呕人的臭气。等过一阵子，粪肥就积成了。

岷江水能直接流到大多数田地里，可是有一些高地，江水不能到达。对此，人们会用竹造的水轮车把水提上去。通过这种方式，水就能浇灌高地了。水车看起来就像摩天轮一样的蜘蛛网。它被固定在沟渠上，四周安着小竹筒，竹筒设计得和人的手臂一样大，并且相邻竹筒之间有一定尺寸。水轮车受水流冲击会转动起来，盛满水的竹筒随轮子转到上方，到了顶部水就会自动流进农田里。农民们利用这种水车，可以将水向上提高三十五英尺。这样的话，他们灌溉高处的田地就会方便多了。

由于溪流众多，所以桥梁成为这里的基本交通设施。大多数的桥梁是用石料建造的，上面雕刻着龙，十分好看。往桥柱上看去，会发现龙头是朝上露出河面的，而龙尾则是在河水里藏着的。在车轮交通工具不存在的地方，人们把桥梁修建成拱形的，也就是大家熟知的石拱桥。

四川省会成都不但是座富裕的城市，也是当时建设最好的城市之一。到了成都，会发现西方的影响已经渗透到人们生活的各个领域。在赵尔巽总督的带领下，我们到山顶上参观了一所军事学校。还有很多其他学校，当地的公共建筑，我们也领略了一番。看到中国的城市正在迅速发展，他脸上流露出一种自豪之情。成都的人行道建设、卫生清洁力度和城市安全保障，胜过中国其他的任何一个城市。成都距海岸有二千英里，乌鸦从这里飞行二百英里才能到西藏。这样一个地处遥远内陆，对外联系不方便的城市，也有供水和电力进入了。港口城市的居民，虽然已有两代人同西方相互往来，但从城市建设上来看，他们没有成都的居民做得好。究其原因，大概是四川人的性格不同于其他地方的人吧。中国十七世纪发生了动乱，很多省受到了影响，因此大量的人就迁居到了四川。后来中国发生了太平天国运动，而四川却没有受到影响和破坏。西方铁拳也没有伸入到遥远的四川，这里没有强制性的鸦片交易，没有通商口岸的歧视，没有西方的炮舰外交。这一切给了四川一个好的发展环境。所以人们的精神状态很好，很容易地接受了西方人的精神层面。于是西方理想、西方观念在这里盛行起来。

我提及到的理想，并不是说要中国人引进西方的科学和技术，也不是要学习西方制成品的方法，更不是上述几方面能满足中国民众的物质需要。中国人有着很强的潜力，只是还没有开发出来。因此，我们不能预测到未开发潜力的他们能做什么。

我们国家的孩子，自由活泼，知道体育锻炼的好处。因此他们喜欢奔跑，一起嬉戏打闹，趴在地上玩耍。而中国儿童不爱动，看起来一副很文静的样子。白人学生奔放不羁，而中国学生却循规蹈矩。中国人把很多时间花在了游戏上——放风筝、斗蟋蟀、赌博、下棋、放鞭炮。知识分子的理想就是坐在花池边的凉亭里饮酒作诗。他们不了解体育运动，也不会去锻炼。中国的很多游戏不能等同于体育运动。虽然偶尔有乱打猎者用他生锈的猎枪打猎，但基本上说，射击运动在中国是不存在的。中国人不喜欢骑马游玩，反而偏爱容易驯服的骡子。因为骡子只能慢慢地走或轻快地小跑，没有马的奔跑速度快。士兵们骑在骡子上加速时，感觉自己也不会紧张，眼睛也能看清周围美景，得到放松。拳击对中国人来说也不是一种体育运动。中国人很少猛烈地打架、斗殴。即使有，也就是像女人打架那样，只是用手乱挠或是揪住对方的头发。中国男人的鼻子会发出假音，就算是唱歌了，而西方男人唱歌则是吼叫的。他们的区别太大了。

在中国人的观念里，徒步行走是身份低的体现。有钱人会花钱雇轿出行，他们觉得并非是因为自身懒惰才坐轿，而是为了突出显现自己的身份地位。健壮有力的男子，其行为举动被认为孩子气，就如同患上了运动失调病一样，但中国人却以此为荣。有的外国官员在成都街头散步，却被人们当成了外国苦力。中国人躺在藤椅上，或是坐在大轿子里，总是一副懒洋洋的神态。渐渐地，他们的身体发胖，脸变得油滑，行动变得迟缓。如果他是一个放纵欲望的人，身体就会变得很虚弱；如果他是一个克制自己欲望的人，脸色就会变得苍白。读书人除非要用大毛笔来锻炼写字技术，否则他们是不会做其他的剧烈运动的。他们会用银白色的套子保护自己长到一定尺寸的指甲。

对社会有危害的不法分子，加入军队会成为士兵。人们对这样的士兵很是看不起，所以也不再羡慕那些有好战精神的士兵。居民们从不随身携带武器，也不和别人决斗，这样过一辈子，是很自然的事情。有的官员看起来很勇敢，实际上却是胆小鬼，他们假造声势，借以吓人。晚上，村子受到了袭击，大多数村民会一味地顾着自己逃命，而不管家庭了。抢劫者们不会袭击那些敢于反抗的外国旅行者，听说在长江上的行船上，只要有外国旅行者出现，船夫们就能振作精神。哭泣对于中国人来说，并不是件羞耻的事情，男人掉眼泪的事情我们经常听说。但这不能说明中国人胆怯、懦弱。中国人面对痛苦和死亡时，也能像斯多噶斯、戈登和沃尔斯尼一样，表现出英勇的气概。其实中国人天生就有勇气，他们并不怯弱。只要好好地教导他们，把他们勇敢的男子气质培养起来，他们也许能成为英勇的士兵。

中国圣人的格言规范着中国的世世代代的人。中国的民族特性被那些圣人们的哲学观念打上了烙印。假如你看到苦力手拿扇子，打着雨伞，不要惊叹他们像女人那样娇气。他们只是尝试着塑造自己，当然必须是按照圣人格言来的。上层社会的学者和书呆子、戴眼镜者和隐士，认为统治人民主要有道德力量就可以。长时期地从事伦理道德的研究与发展的文人们，自然瞧不起体力劳动，但是，他们的身子骨却都是虚弱不堪的。虚弱成为他们的专有形容词。这也造成了整个民族没有了雄劲力，整个民族都变疲软了。如果他们接受了新思想，那么他们会剪去长指甲，会去锻炼身体，强健身体。基督协会在中国成立还不久，但已经利用标语激励中国的年轻人要在体格、智能、道德和宗教等方面全面发展。激励他们不但是为了自己，也是为了他人的信念。中国人只有引进这样的新思想才能从沉闷压抑的旧思想中解放出来。

第十章　教育的发展方向

我们来到了潼关渡口，要乘船去对岸。船夫用两块木制的跳板，把船身和岸边连接起来。一踏上去，木板就会变得很弯曲，如果不小心的话，就会掉下来。我们的骡马显得很害怕似的，一直在破烂的路上停留，不敢向前。半个小时后，骡马终于被我们强行弄上了船；到了对岸，我们又花费了更多的时间，迫使它们上了岸。假如河面上有大桥的话，我们渡河就不会如此费劲了。船夫告诉我们，在每年摆的三千次渡中，一半多是渡骡马过河。有了长期的摆渡经验，他明白骡马看到弯曲的跳板会害怕，是不信任他的表现。可他不会因此而停止摆渡，我可以肯定，船到对岸后，也许有船板早已顺黄河水流走了。

中国人有一个特点：他们墨守成规，不注重客观存在，所以他们做事情的结果往往与心中所想有很大的出入。我们在舢板船两边各发现一只大眼睛，貌似有了它们，船就能很顺利地航行。这种视觉上的技巧会改善船在拥挤水道中航行的状况，而他们仅仅考虑到这一个方面。中国人还有很多不可思议的习惯。有的人会在院宅里修建一个砖墙屏幕，说是为了阻挡那些看不见路的飞虫进入人住的房间里。当然，这不是说有了这种屏幕，运气就会一定比那些没有屏幕的家庭好。在路旁，会看到愚昧的苦力们在神龛里烧香祈求神灵保佑。船夫们在进行有危险性的航行之前，向神灵祈祷航行顺利。为此他们会在船头绑上一只公鸡，作为水中神灵的祭品。有一艘护送船为我们的船保驾护航。那艘船上的士兵时刻警惕着周围的情况。我们每隔一刻钟就会听到锣鼓声和号子声。通过这些声音，就知道那些一夜不睡觉的士兵们一直保卫着我们。说实话，有了那些声音的干扰，我们反而没有睡好觉。他们还竟然让我们支付护航的报酬。那些放夜哨的人，来回巡逻，敲打着手中的竹棒。他们认为盗贼会被噼啪声吓走。事实上，放夜哨的人敲打竹棒也正好给盗贼提了醒。夜哨人一离开，盗贼们就能顺利地偷东西了。

也许有人会认为我上述的那些事情很轻微或者不重要，接下来我就说说深层次的中国人。世世代代的中国人以道德准则来规范自己的行为，他们认为这样可以培养一个人的性格。在中国，那些廉俭奉公的官员都会按照圣人的准则来要求自己。所以政府官员最起码会懂得那些圣人的格言。这样一来，中国就成为在实际工作中最缺乏专业技能的国家。中国的皇帝对待腐败的官员只是一通责备，貌似官员受到了警告就能被制止似的。皇帝并没有深究，只是连续推行了警告性的诏令。可是官员的本性并不是靠圣人的格言就能改变的，这是因为格言不能使人按照正确的动机行事。一个表面强大的局势就像是纸老虎，能把敌人给吓住。在中国有很多这种现象，如：中国人会把条纹老虎缝在黄褐色的官服背面，把张牙舞爪的老虎印在盾牌上。一八四二年，英军向吴淞要塞进军时，中国将军为了虚张声势，制造更多守备军的假象，就用了一次纸老虎的策略。他命令士兵把泥土堆成圆锥形，之后刷上白灰，这样土堆看起来就像是白色帐篷一样。然而英军却识破了中国将军的意图。在中国，子女根本就没有婚姻自主权，因为他们的婚姻是由父母包办的。这种婚姻模式使得中国出现了更多裹脚的女人。为了顺应她们未来公公的心意，她们从少女时代就得裹脚跛行。

讲求效率的原则在中国是不流通的。虽然，中国人采取的很多方式看起来并不适用，但是它能带来使人信服的良好结果。它有很强的实用性，然而中国人却并没有看到它的价值。故此，效率的原则在他们的生产生活中没有体现出来。

从中国人对工作的看法，我们能知道他们还是受到祖辈观念的影响。所以，如今的中国人就如同十四到十七世纪的白人们一样，也是办事很随意，漫不经心，不会接受好的观念。那时的白人们也是盲目迷信老天，害怕老天给他们带来惩罚。他们认定血一定是净化器，因为血是红色的。他们还认为肝脏因是树叶形的，就会治愈肝疾病；发出明亮的眼光的人不会有眼病等等。他们禁食，驱逐恶鹰，烧死妖巫，相信候补陪审员，标榜献身精神。他们用先人的思想武装自己，固执地坚信瘰疬靠国王手上的灵气就可以治愈。他们认为天气是可以被人改变的，所以还参加相关的宗教活动，并将圣钟挂在尖顶上以防止闪电。这些叫人迷信的事，直到自然科学的兴起，才渐渐在欧洲人的大脑中消去。自然科学的发展为我们提供了一些实用的、对实际生活也有益的科学方法——观察、测量、实验、误差等等。

费雷德里克大帝将效率原则运用在军队，按照科学方法行事，或许是成功的第一个事例。之后世界的很多国家，在这一原则下，取得了很大的成就，如普鲁士的行政机构、法国工程、英国机器制造和卫生管理。如今，德国的陆军和行政机构、实验及工业学校，大不列颠的海军、市政及检查设施，法国的高速公路、艺术和葡萄，美国的实验基地、改革制度和工厂等也在这一原则的影响下取得了奇迹般的发展。甚至在一些不起眼的领域，人们的积极性也被调动了起来。于是"计算""单位消耗""交叉检查""事例评估""科学组织"等等就成为人们进行生产的激励。有了这些，人们在决定生产政策时就能避免意见不一致。一些政府机构和社会组织对一些自身的事项，如政府改革、少年法庭、慈善组织、再受教育和假日培训、宗教复活和公共教堂、平民平等参政和市府的大众计划等等，也按照这一原则决定了工作的实施。总的说来，效率被广泛运用于各个领域，也没有什么能把它阻挡在外。到这个世纪中叶，西方文化中每一部门的决定因素就是效率原则。如若中国不引进西方的这一成功的方法，那么中国人就显得愚昧了，就好比是十六世纪的人反对二十世纪的人一样。从实际专业技能方面来说，我们胜过在智能方面与我们相当的先辈们。所以，未将潜力发挥出来的中国人，在效率方面是超不过我们的。中华民族是个古老的民族，也是中国人引以为豪的民族。很多少数民族受到汉民族文化的影响而被同化了。朝鲜、安南、暹罗、缅甸、尼泊尔也一度是中国的附属宗国。如今，受到西方的冲击，人们的思想开始转变为发奋向上。看到国家的衰弱，政府的无能，人们失去了信心。然而，在这样的情况下，人们显得心有余而力不足。

日本打击了中国人的自信。虽说，日本与好战的英法国家有过战争冲突，而且还失败了，可是外国文化却被低调的日本人吸收进来。我们的民族是新出现的、野蛮的民族，曾经日本人也这样认为过。一八九四年至一八九五年的中日甲午战争，中国败给了引进其文化艺术的日本。战争结果让中国人大吃一惊。日本怎么就变强了呢？除了装备西方的武器，还有什么因素呢？为了让中国也变得强大起来，中国人也进行了改革。可是慈禧太后发动了军事政变，她丧权辱国，在一九零零年向侵略者割地，赔偿巨款。很显然，中国最终会走向灭亡，因为当前中国四分五裂的局面，农奴制仍然没有废除。中国要想再次变得强大起来，就得靠有识之士探索出一条新的道路。如今西方在很多部门和领域领先于中国，而西方文化和教育是中国目前最需要引进和吸收的。

科举制度决定了中国人在中国历史和古典文学方面学习知识，而自然科学、地理、他国历史等西方的基本学科，是不会在中国的学校里出现的。科举考试是从圣人作品中出题，学子们就必须会背诵四书五经，考试时，还必须按照固定的八股文格式答题。这对于学子们来说是竞争性的考试，在各级考试中，考中的人会被承认相应的身份，一些人还能因此进入仕途。省试就是清政府在省会城市里举行的中型考试。整个考试总共举行了三天，每年都有数千想要当官的学子来到这里竞争。然而，只有百分之一的人才有资格参加最后的御试，即在京城三年举行一次的殿试。如果学子们在殿试中取得好成绩，那么政府就会给他们官做。

慈禧太后在六年前亲下诏书，宣布废除科举制。之后，清政府效仿西方改革教育制度，出台了一系列新的政策。它规定各级学校应由政府来创办，学校开设了儒家经学和西方科学，按照行政区的大小分别设置了不同级别的学校。政府在农村成立了初级小学，城镇成立了初级学校，县成立了“中学”，省成立了大学和师范学校。随后，这里又出现了专门性的学校：商业学校、技术学校、农业学校、军事学校和政法学校。其中，京师大学堂是当时中国最早的高等学府。

新式教育很快在中国盛行开来。在科举考试时期，人们是每人一个小屋，在里面答题。如今的大学修建了大教室，很多人可以一起学习。有的寺庙中也开办了学校，小学生们在圆柱屋顶的教室里整齐地站着，在面目凶恶的战神和慈祥的观世音面前背诵课文。在新的教育制度的影响下，为了能在教育上站稳脚，旧式教师们把长衫换成了短上衣。可是他们仍然嫉妒那些受过西方教育的要求加薪酬的教师们。

前不久，一个省立大学缺少一个数学教授。因此，这所学校从和它关系好的美国学校聘请。大学要求教授要熟知比例计算和代数知识。因为这些都是中国人都不懂的数学知识。中国的学校很缺乏能教西学的教师，很多人为了学习西学就去日本留学，掀起了一股留日热潮。三年前，有一万五千人到东京学习。如今中国人对日本产生了反感，留学生也不过就三四千人。

上一年的二月底，中国学部出了一份关于教育情况的年终报告。我们从中发现，在两年时间内，北京的学校由二百零六所增加到二百五十二所，学生总数从一万一千四百七十一人增加到一万五千七百四十四人。在北京以外的其他地区，政府设立的学校从三万六千所增加到四万二千四百四十四所，学生总数从一百零一万三千人增加到一百二一八万五千人。其中，私立学校总数还超过了政府创办的学校总数。直隶省更能迅速受到北京教育形式的影响。省教育部门在天津创办了一所大学，大保定创办了一所学院，并设立了十七所工业学校、三所高级师范学校、四十九所初级师范学校、二所医学院、三所外国语学校、八所商业学校、五所农业学校、三十所中学、一百七十四所高级小学、一百零一所中级基础学校、八千五百三十四所低级基础学校、一百三十一所女子学校和一百七十四所半日制学校和夜校。

虽然直隶省的教育程度发展迅速，但是仍然不能作为一个典型。山西有八百万的人口，且落后于直隶省。在一九零零年，山西省教育部门创立了很多学校。其中两所学院和一所政法学校，招收了五百二十个学生；创办的四所师范学校有四百一十个学生；十三所中学有八百个学生；九十八所高级基础学校有三千四百三十三名学生；还有一千九百四十八所低级基础学校有四万一千一百二十一名学生。与直隶省不同的是，这里还有两所女子学校，有一百八十名女孩也在受教育。

我们很吃惊中国学校的发展速度和数量，可是仍有大量的学龄人不能接受到新的教育。与美国相比，中国受教育的年轻人只有美国的四分之一。从物质需要上来说，中国人比我们要大很多。中国要想将教育发展到与西方相当的程度，唯一的出路就是中国在新的经济模式下，能在创造的财富中抽取大量的税收。

随着学堂中学生的不断增多，需要更多的课本才能满足其需要。位于上海的商务印书馆是东亚最大的出版机构，有一千名工人在里面工作。它出版了中文初级读本、中高级课本、历史、地理、数学和科学书籍，还有适合于成年人初学者的英语读本、注释的英美文学、画卷、挂图和科学图。有一百人在它的翻译部工作，其中很多人是学者。他们将西方的科学、医学和工程学等方面的书籍翻译成中国人能看懂的中文。而后那些翻译过来的特殊术语被吸纳到汉字系统里，但是这必须经过北京的专门词语部门批准才行。

无论中国的新式教育还是旧式教育，基础是必须要注重的。初级学校是这样做的，但是在中国的中学和大学里，出现了新式教育不注重学科基础的现象。中国和西方的差异从教育制度的对比中就清晰地体现了出来。

北京陆军部的工作本来有五十个人承担就行，但是军部却安排了六百个官吏。他们这些坐吃山空的人就是社会的寄生虫，而其中满洲人占了大半以上。清王朝的存亡就靠这些挂名不做事的官员。教育部门是不能完全按照自己的意愿来做事的，因为现在的政府存在着严重的贪污现象。在中国的学校里，官员们不教书，但是他们在学校里占有很大的比重，能利用自己手中的权利给亲戚朋友们安排一个稳定的职位。在美国的大学里，行政官员人数不足教师人数的五分之一。可是在中国一所有二十七名教师的现代语言学校里，行政官员多达十名，其中还有三名是空占位置不做事的。在一所八百名学生的政法学校里，有二十五名官员，他们也不教课，并且大部分也是挂名的。在一所三十名教师的高级技术学校里，管理员把校长的事情全都做了，财务员的职责也由他的助理去承担了，秘书把事情全都交给助理秘书，办公室主任也只是清闲地坐在自己的椅子上。十二名官员就有三分之一是挂名的。

有一件事情值得大家怀疑，就是中国学校聘请优秀老师时会说资金紧张，但是大量的昂贵教学设备却出现在了学校。一些绘制精细的生物学和植物学略图，会被贴在学校的大厅入口处。可是学校里却没有能教这两门学科和使用略图的人。物理实验室里有着很好的设备，却是无人会使用，上面覆盖了一层灰尘。有的教师只是懂一点电学，完全不懂其他物理知识。我们来到了一所地处边远的省立大学。大学从东京的一家公司里购来二十个瓶箱，里面是几百个化学瓶子，至少值一千五百美元。这些瓶子在美国足够我们三所大学的实验室所用。可是我们看到的每一个箱子上面的封皮都是完好的。明白中国规则的人都知道，有人在购买那些昂贵的设备时吃了回扣，才会造成资源的大量浪费。有一个教育中心，在长江的上游，部门聘用美国教师一年，需要花费大量的金钱。合同期满之后，部门聘请了一些不优秀的教师。一般这样一次轮换，学校会提供三百美元的旅行补贴金。就是一些官员将补贴金收进了自己的腰包，从而导致中国学校的教师不停地轮换。

中国学校这种临时聘用外籍教师的现象，很让我们吃惊。学校要聘请一个教植物学的英国教师，如果凭借的是教数学的德国教授的推荐，那么学校是不会请到出色教师的。相比之下，日本在十四年前就建立了现代化学校。他们聘请的是西方政府或大学里派出的最优秀的教师。西方政府和大学也很乐意选派教师去日本任教。教师们来到日本，先要适应那边的环境。他们受聘于日本的学校，时间可能长达二十或者三十年。这期间，日本的教师就有了教本国人西方学科知识的能力了。中国选聘外籍教师显得很随意，教师们在受聘期间什么都得不到。所以中国学校的教师不能从外教那里学到西方的教育方法，他们自然也没有教本土学生西方文化的能力。

聘请的外籍教师们的教学水平有高有低，他们在中国人的影响下，生活穿戴也变得落伍了。我们到过一个省会，参观了当地的一所学院和师范学校。学校场地约有十个院子那么大，里面是铺着碎石子的路，周围是低矮的瓦房教室。有一块牌子挂在大厅里，上面写着"为愉快的学习提供安静的环境"。学校有四百个学生和二十名教师，学生们都穿着蓝色的校服。教师队伍中有一个日籍教师，只有他看起来才是像受过西方教育的人，而其他十九名教师则像是生活在中世纪的人。有一个年轻的德籍教师，他对中国人面生不熟，一句汉语也听不懂。学校教师们的备课水平很低，跟我们美国大学低年级的水平相当。虽说它的人口比宾夕法尼亚州还多，然而这个省的教育制度的最高水平就是如此。这就是中国学校的"盲人引导盲人"的现象。

英美两国的教师会期望他们在高年级学校教的学生都会英语，这样他们授课就不需要翻译成中文。可是聘请他们一年需要花费一千四百美元到一千八百美元，中国人会认为太贵了。相比之下，中国人觉得聘请日籍教师则会需要较少聘金。然而，日籍教师授课还要翻译成中文，学生的时间会被浪费很多。如果翻译不熟悉授课的学科，那么学生就像是在听天书了。甚至有些聪明的中国人对日籍教师很有意见。他们认为日籍教师受到日本国内的指示，会把一些学科的重点忽略不讲。这样会导致学生的知识联系不起来。日籍教师却自己狡辩说，他已尽力传授，只是学生们没有弄明白罢了。这种猜测是有道理的，有一个事实能证明：在日本的军校，教师会把中国学生赶出教室，之后关上门，只把学科十分重要的地方讲解给日本学生。即使这种猜测是错误的，但是我们仍能知道日籍教师很快就会被解雇的原因。西方科学要传播到中国，是不能靠日本人的。

中日两国对西方文化的态度有很大差别，所以他们聘用西方教师时也有很大的不同。日本人很好学，很早就吸收和学习中国文化；如今他们还很谦虚，如果在西方文化方面不如西方学者，他们就会虚心请教不会自卑。再看中国人，他们一直以自己的灿烂文化而骄傲，并且毫不谦虚地认为中国的教育自己能搞好，完全不用西方的教育援助。西方文化有着它的深度和广度，中国人理解起来很难，所以他们不会想办法吸收。我们西方人虽然能掌握物理科学和机器制造，有一定的聪明才智，但在他们的眼里，我们仍被视为不开化的野蛮人。中国人对我们西方的观念知识、伦理学、社会学、政府学有很大的偏见。然而在这些非常领域的发展中，中国人只看到了差别，却没有鉴别优劣的能力。

西方文化中蕴含着巨大的能量，可是中国的学部大臣张之洞也没有意识到这一点。十二年前，他写的《劝学篇》到处传播，影响很大。他很支持中国的教育改革，但是他在对西方课程的安排上却出现了偏差，他认为中国人只需要六个月的学习，在两年内就能完全掌握西方学科知识。因此作为大清学部大臣的他在课程表中把中国的学科排得满满的，学生不得不学习枯燥的中国学科。此外，他的规定还出现了让学生们窘迫的现象：学生每周在教室听课学习的时间是三十五至四十个小时；每天军事训练一小时；学生只剩下了不到两个小时的自习和阅读时间。老师把书本的知识和思想一股脑地灌输给了学生，他们只能被动地接受。在一些学校，一年级的学生就开始学微积分。而美籍院长告诉前来检查的省督学官员，一年级还不适合学微积分。为此他还被作报告检讨。一个数学教授在督学的提议下，只好作了两场演讲，都是关于利用微积分的内容。之后一年级学生们进行了测验，结果是他们根本就不会微积分。

中国学校必须按照规章制度办事。有一个大学校长，他是翰林出身，他点上一支雪茄烟，之后向我们透露了一件他不能拿定主意的事情。他在犹豫是坚持自己把学校管理下去，还是委托给教育当局管理。之前，校长提出过很多建议，但是教育当局没有采纳；而地方的人才需要和学习环境，当局也是忽略的。他随口说道："当我在学校管理上，身不由己的时候，我的自尊还能怎样保持呢？有一个申请者，他三十五岁，通过了入学考试，但是我不能做主收下他。根据北京制定的规章制度，不是中学毕业生是不能进入到大学的。"

受过满清教育的文人们是现在中国学部的组成人员。他们没有走出过国门，即使我们西方的科学知识能产生巨大的效率，但他们还是被瞧不起的。我去过中国的学部，接待我的是一个代理官员，他是一个守旧的满族人。他看起来对中国的前途充满希望，知道中国目前缺少什么，并且得到需要也是很容易的事。与莎士比亚同期的满族，是一个游牧民族，它没有自己的文化根基。出过国的满族人几乎是没有的，但是中国政府将新式教育交给他们来管理，学校不会发展起来。这就如同四世纪时，哥特人管理雅典的学校一样差劲。有一篇考试文章向教育官员提出省级奖励，但是这个满族官员根本看不懂文章。他的床帐架上堆放了好多这样的文章。他随手把这些纸用来擦椅子，之后躺在椅子上吸烟。后来他们宣布第一批获奖者的时候，不见了十三篇文章。

在我们美国，很多人都愿意从事教育事业，可并不是所有官员都能管理学校。美国的州立大学校长一职，就是连州长也不一定能胜任。而中国的县官则想着怎么升官，如果他的仕途顺利，就会想着做道台。如果他管理一个省立学校，也会向着更好、更高的职务爬。他们不会积极主动地发展教育事业，亦或是没有专门的教育培训经历。所以他们管理教育就用他们处理政府行政事务的方法。秘密获取私利是他们管理学校的出发点。学校的三个外国人提出了很多合理建议，能帮助中国教师提高水平，甚至达到美籍教师的程度。可是官员却对此置之不理，还说美籍教师只应该做好自己的事，超出范围的事不是他们应该关心的。

民族观念从如今的中国学生身上最大程度地反映出来了。中国学生在课堂上的反映明显不如美国学生积极活跃。中国的教育传统是禁忌学生对学科提出疑问的。中国的教师讲得内容永远是对的，书上说的也是不容置疑的。学生们根本不能将自己的想法向老师请教。否则的话就是在暗示教师不懂。中国学生在课堂上漠然的表现让那些外籍教师都很惊讶。所以外教们授课时，很希望能找到一点儿打破这种沉闷的课堂氛围，把学生的积极性调动起来。

在中国的旧式教育中，没有专门的自然科目。所以学生们探求原理时，不会借助实验、陈列标本、显微镜载片。后来学生们学会了使用实验仪器并且痴迷于实验，他们会探索出所有能解决问题的方法。在有的学校里，学生们被化学科目中做实验的方法深深吸引，此后便对化学有了浓厚的兴趣。学生们有着敏锐的观察眼光，所有的实验现象尽在他们眼里，甚至与实验无关的现象，比如实验管爆裂，也会被他们记下来。虽然教师强调他们不用记，但是对实验的每个过程都细微观察，他们能真正地了解实验的意义。

中国人的文字是汉字，有的笔画多达三十多笔，他们必须认识几千个字，通过运用记忆技巧，他们能很快掌握。对于西方的几何和物理，他们也想通过死记硬背来学习。有个数学教授对同学们说，对数表很重要，一定要掌握。可是第二天，有的中国学生就发牢骚了，原来他们没有把对数表背下来，以至于觉得学习这一课很吃力。在几何课上，教师教给了学生怎样去证明，虽然学生们做了笔记，但没学会用数学思维思考问题。有个教师说，美国的学生学习平面几何只需要半年时间就能掌握，而给中国学生上课，则得多花费我半年的时间。另一个教师说，只有我把定理告诉他们，问题才会被解决，否则，他们根本无法应对。还有一个教师，他的学生中能独立思考问题的占不到四分之一。大部分学生死记他的话，却不会独立思考和思维训练。如果出现了百分之十的学生能独立处理新问题的现象，就是让人质疑。

我们美国人有着很好的解决新问题的逻辑思维。而中国学生却不承认这是民族缺陷，却抱怨是教师没有训练好他们。传教士的家庭中有一个中国人的孩子，他就有着很好的思考习惯。还有一个中国人发现，他的儿子长大后学会了独立思考问题。一个法国牧师说，在神学校里的四个学生都很优秀，即便去了法国读书，成绩也是很好的。一个数学教授说，在他的中国学生中，很多人都能证明基础定理了。另一个数学教授说，他的一个学生擅长微积分，比他的那些白人尖子学生还优秀。中国有一个著名的问题专家，他说中国人不缺乏思维能力，并讥笑了那些唱反调的观点。因为最近在格林威治的英国皇家学院里，班上数学方面独领风骚的是三名中国学生。他坚信自己的理念，就是教师授课时，高级学校的学生可以提出质疑，但在低级学校还是避免的好，否则是会出差错的。

有的人认为中国学生的意志力不坚定，容易知难而退；而美国学生则争强好胜，永不服输。相比之下，中国学生就比美国学生差远了。中国也有一个医学讲师，他认为日本人有很强的耐力，他们如同攻打亚瑟王城堡时的义军，能积极勇敢地投入到最困难的战斗之中。而中国学生缺乏持久力，或许就是缺乏好战精神的缘故导致了中国人如此吧。对比结果让讲师很悲观，但不能否认这也是当前民族的一个特点。我认为，黄种人和白种人在天资中的差别不是智能而是意志力。

中国的学校不注重严谨的校风，一直都是纪律松弛的状态。而日本学校很重视纪律作用，它们一开始就实行严格的半军事化训练。在中国的学校里，能听到很多我们西方人觉得诧异的事情。学生如果没有准备好，是不会参加考试的。他们会公开抄袭笔记来作弊，不会引以为耻。系主任会受到他们的压力不得不压缩课程。教师的练习作业不对学生的心意时，他们就不会起立向老师鞠躬。此外他们还嫌每年二十美元的伙食费太少。学生们肆无忌惮地夜不归宿，打架斗殴。饭菜不合自己口味了，他们会将饭菜倒在地上，甚至向厨师头上扔去。

系主任告诉外籍教师，要保证所有的学生都能通过考试，使他们顺利升入高年级。就单个学生来说，他还是能服从学校的安排，谦恭地接受教导。但是很多学生提出异议时，学校就会感到威胁而放纵他们了。中国的校方不敢管学生，显得很怯弱。而我们美国的校方会把犯纪律的学生坚决驱逐出学校。有的中国人也能意识到中西教育差异，他们就把子女送到教会学校读书了。

纪律正是中国人当前缺乏的，这一点毋庸置疑。中国的军队、工厂、航行、学校、体育运动、家庭都有了纪律，中国人的生活才能变得安稳，人们也能有条不紊地工作。中国人反抗的方式有很多，主要是依靠群众运动，比如罢工、罢课或联合抵制。在过去的两年里，山东的学校全罢课了，原因是外籍教师要求学生必须通过考试才能被授予毕业证书。而在其他地区的学校里，也出现了罢课，学生罢课的理由让人感到不可思议。中国校长碰到罢课情况，会对学生妥协；美籍校长坚持原则将学生开除，学生们会表现出很吃惊的样子。在美国的大学里，这种愚蠢的行为会有人出来责备、终止的。个人在学生们联合行动面前都是软弱的。中国人在群体力量面前是会妥协的，少数服从多数的观念他们也是认同的，并会被这种观念支配。个人为了生存而斗争是很艰难的事情，家庭、宗教或朋友等支持帮助，就是他生活下去的支柱。他也是脆弱的，一旦被孤立了，那就离死不远了。

中国绅士把指甲留得很长，这样看起来他们就不是干苦力的人了。他们以此为荣，看不起那些干体力劳动的人。我们对此也不吃惊了。在中国人的观念中，体力活是被轻视的。有一个机器学教授，他对学生很严厉，要求学生们亲自动手去理链条、用小铁钻干活等。在一个教会学校布置节日会场时，女教师让学生帮忙搬笨重的长凳，可是没有一个学生帮忙。还有一个学校，在新生欢迎会上，学生们是不会给来宾们搬椅子的。受到旧式教育的他们很要面子，他们害怕被在场的官员看不起。在中国旧式教育官员看来，开矿工程师或者铁路工程师也是干苦力的人。所以工程师们也被他们瞧不起。北京的教育官员都很古板偏执，他们将在国外受教育的学生划分为两种：一种是受过自由教育的学生；另一种是受过技术教育的学生，并且认为前者的地位高一些。

在中国，有的江湖医生或士兵会因为体格原因被人当成苦力，人们自然是瞧不起他们的。我在中国内地旅行了六周，看到了不少于三百个人是坐轿出行的。到了山上最艰险的路段，中国人也是坐着轿子通过，他们舒服地躺在轿子上，将其当成一种享受，任凭苦力们抬着。中国绅士们的锻炼很特别，到了傍晚凉爽的时候，他们提着鸟笼散步，也让鸟儿出来透透气。在华北的一所大学里，有一个美国教授要到网球场地打球，学生们对此很诧异。他们认为教授的行为很滑稽可笑，是丢失尊严的事。有一个旁观者对教授说了一句："你们不会花钱雇佣苦力来干活吗？"

在武昌，莫里森博士一直关注着教会学校的情况。他发现，美国波士顿十一岁至十六岁之间的少年比中国同龄少年高零点五到四英寸，重七至十五磅。同样，美国少女比中国少女高三至五英寸，重十四至二十四磅。而实际上华中的少年比美国少女的体重还轻。在政府创办的学校里，学生们刻苦学习，长时间不出去运动，导致了结核病。这是在中国的死亡率很高的一种病，其原因很简单，就是中国人的胸部机能很弱。我们都认为这是很正常的现象了。在上海，有个中国年轻人去健身房锻炼，但是他们之中一般人都有结核病的迹象。对此我们并不吃惊。我的建议就是，中国的年轻人要经常保持卧室通风，床单要经常换洗，最重要的是走出卧室进行体育锻炼。

有一个女校长，她说中国的女孩子们不了解自己身体，所以她们上卫生学时会脸红，要她们身体站直是很件困难的事。中国的教师也养成了旧式文人特有的弯腰习惯，并被学生们模仿。这就好比是一个视力很好的人戴上宽大的眼镜就成为了学者一样。在另外一个学校，校长发现中国学生的跑跳能力很差，他们根本没受过训练。他们对体能训练一点儿也不感兴趣。鲍勃·盖利说，中国的体育运动一直是退缩不前的，因为中国人害怕失败丢面子。有一个足球队，当碰到比它强大的对手时，人们就会弃权不比赛了。不过后来，体育运动和比赛的精神在中国人中渐渐地培养起来了。

在政府创办的学校里，是没有体育老师的，学生们也不会进行体育锻炼。有的学生只是挥舞几下印度式的棍棒或者操练来福枪。还有一群体弱的学生在网球场上跑步，可是他们的长衫却不方便他们运动。所以他们的动作显得很滑稽，就像是一个小猪在抓咬毛线球一样。然而，就是这些穿蓝色长衫的学生推动了中国的足球和棒球的发展。教会学校更注重培养学生体育运动方面的兴趣，也比政府学校做得好。他们有着运动的激情，并且发挥出带动了学生们的兴趣。

体育运动有着普遍的吸引力，从中国人对体育的强烈反应中就可以看出来。中国各地开始举办运动会。在广州，基督学院是一所受人尊敬的教会大学，这里举办了田径运动会。在两天的运动时间里，一千人参加比赛，二十万人前来观看。天津举行的第一次运动会，有七千人来观看，而去年十月的第二次运动会则来了二万人。在南京，中国人将南京工业展览与全国运动会同时举行。一百四十名参赛选手要在项目中角逐，他们为了奖牌而来。距离二百英里远的上海，有一千名极其喜爱体育运动的人也赶来了。如今中国有了自己的运动会，大小官员也会亲临现场给选手鼓掌加油。正如在婆罗洲的一个内部足球队里，英国人和马来人都热情，这就是他们的共通之处。中国人和盎格鲁—撒克逊人靠着中国的体育热情地联系起来了。至此，中国人意识到了中国年轻人通过体育锻炼能使身体强壮，相信了我们将体育运动带到中国是出于真诚。中国人的身体强壮起来了，中国才会强大起来。从上海、天津电报学校毕业的学生被分到电报站里，他们成了花花公子并且身上沾满了女人气。他们像女人一样打扮自己的脸，对女性没有激情，也没有兴趣与新式女性竞争工作。

中国学生在文字组成或学习动植物方面具有绘画般的美感、精确和详尽的才能，对于这一点，教师们都是同意的。长期的对千百种文字的组织训练让中国学生掌握了这种手法。中国学生会一直认真地分清各种文字，这源于他们的仔细和精确精神。同样地，他们在准备标本和幻灯片时也是抱有认真的态度，用自己绘画手法很好地完成。东亚的民族要想赶上我们美国，还有一个难关，就是他们必须攻克文字带来的困难。我曾问过两个日本帝国大学的校长，为什么他们的学生在二十一岁时才上大学，比美国学生晚了三年呢？他们回答说，自身语言比美国字母文字难学，必须花上三年至五年的时间才能掌握。有一个学者，他在中国过了半辈子了，我问他多长时间才能让中国人不学汉字。他回答说，也许五百年吧。

在很实际的方面，我们也会发现文字问题。我们文字的铅字重五十磅，只需五美元；而中国的铅字重半吨，需要一百美元。我的排版机排不出汉字，所以打字机打不出汉字。如果有这样的打字机，那么键盘得有饭桌大才行。商务印书馆有一架打字机，占地面积很大，排字架由七千个小轴承箱构成，每个轴承大约一点五平方英寸。这样的机器印刷出的中文报纸，不仅花费太多，而且也不如我们的容易读懂。接受旧式教育的中国人只能教年轻人们汉语言，现在的大部分年轻人不仅学习汉语，而且还要学习西方语言。相比之下，学汉语花费的时间比学西方语言所需时间多三倍或四倍。

目前中国的阅读群中，只有千分之一的妇女和十分之一的男子。可是改革者充满激情地走在教育前线。他们有一个简化字提议，由文字专家造出三千个简化汉字，之后让各地学校教人民来认字。他们还倡议北京的相关官员发布了人们关注的消息，地方就将这些消息搬上报纸，用简化字示众，每个人都订阅这种报纸，这种字很快就会流行起来。虽然，这是不能实现的事，但改革者意识到了祸害中国的是利己主义。

我们必须要提出一下，改变中国的旧基础会产生一个重大问题，那就是明天的道德从哪里来？中国旧式教育强调伦理道德的重要性，如今新式教育有一种趋势，就是道德指引被忽视了。在旧式教育中，人们称孔子是圣人，对他百般敬仰。如今的年轻人却嘲讽孔子是一个没坐过火车，没用过电话，没发过电报，不知道科学的老夫子。其他的圣人也有格言曾经影响无数代人们的行为处事，在当今新式教育中也被抛弃了。国家富强是如今中国人的理想。他们注重西方科学，是因为他们认为西方的富强靠的就是科学的力量。事实上，西方也有潜在的道德基础，中国人没有考虑到这一点。他们只会将科学用于生产制造，而忽略道德建设，这反而不会让中国强大起来，会给中国带来灾害。

中国二十一所教会大学主要由美国人创办的，在此种危机面前，它们能培养出伟大的政治家。政府大学在组织、管理、人员、课程和纪律方面，比大部分教会大学要差得多。教会大学在工作中所用的教育方法是很科学的，它们输入了西方理想的体育运动、整洁的生活、个人坚强及效率运用，它们以极为尊敬的心情学习研究孔子伦理，也提出了基督教关于生活的看法。这是中国人所不知道的。从这里毕业的学生都具有崇高的理想，即使他们大部分不是基督教徒。这些教会大学被中国的知识阶层越来越清晰地认识。虽然教会大学收费很高，但是他们为了把子女送到教会大学就读，宁愿搭上自己的养老金。

可以这么说，这些教会大学得到了富裕的中国人的帮助。美国的哈佛、耶鲁、普林斯顿和其他几十所用基督经费创办的大学，它们的真正价值在于培养牧师，通过牧师以进一步提高美国教育。而中国教会大学的真正价值在于进一步促进中国教育，如果中国人能认识到这一点，那么更多的中国人会将子女送到教会大学读书。在教会大学里，学生能学习到基督教义、崇尚自由的思想，而非压迫他人的动机。教会大学也在想方设法地进入政府教育制度领域。从教会大学出来的知识分子的思想水平比一般人高，它们也传播着基督教的理想教义。教会大学让中国人从道德危机中摆脱出来。

基督教成为罗马的国教之前，耶稣已有了二百八十年的历史。马丁·路德推行新教改革，在最终永久地位确定之前，一百二十八年过去了。在新大陆发现之后，英国第一块美洲殖民地建立之前，一百五十年流逝了。这些巨大、缓慢的历史性运动会在全球发展着并达到顶点，这没有人能体会得到。

世界进程如今已经缩短了，历史也正速度发展。中国四十年后是否能成功地改革，我们这一代还能见证。那时在中国一千三百个县中都会出现电话、电影、公共卫生、棒球队、女性解放。那时我们能看到四分之一的家庭正在复兴，他们能坐在剧院前厅里，观看舞台上的演出。